60 kinderleichte Rezepte
Das
MEIN LOTTA-LEBEN
KOCHBUCH
Zucker
Mehl
CHRISTIAN

INHALTSVERZEICHNIS

DER REZEPTE

INHALTSVERZEICHNIS

DER REZEPTE

DIES UND DAS

Juchhu, ihr Lieben,

ihr wisst ja, dass Mama immer so viel Ajudingsbums-Zeugs kocht. Weil das indisch ist und außerdem gesund. Leider mag ich das nicht so. Deshalb hatte ich irgendwann mal voll die **gute Idee:** Ich lerne selbst kochen, und dann gibt es jeden Tag nur noch leckere Sachen!

Und weil das echt gut geklappt hat, verrate ich euch jetzt meine besten Rezepte und alles, was wichtig ist beim Kochen. Habt ihr auch Lust dazu?

Dann solltet ihr erst mal **alle wichtigen Infos** lesen.

Da stehen nämlich die Antworten auf die ganzen blöden Fragen, die ich meinen Eltern beim Kochen ständig gestellt hab. Und wenn ihr die schon vorher kennt, müsst ihr nicht selbst so viele blöde Fragen stellen wie ich.

Außerdem kann ich euch auch noch was anderes verraten: Je öfter ich es gemacht hab, desto leichter fiel es mir! Falls ihr also Angst habt, dass ihr das mit dem Kochen nicht so gut hinkriegt, kann ich euch versprechen, dass es mit der Zeit immer besser wird!

Oder, wie Papa gerne sagt: Übung macht den Meister.

Mit erhobenem Lehrerfinger. Oh Mann, Papa ... aber irgendwie hat er natürlich schon recht.

Meine erste Pizza zum Beispiel war die **TOTALE KATASTROPHE** – aber zumindest konnte man aus dem Teig und den ganzen Zutaten noch voll leckere Pizzamuffins machen. Wir haben einfach alles zu kleinen Knödeln zusammengerollt, die wir anschließend im Muffinblech verteilt haben ... und Cheyenne fand die so gut, dass sie vier Stück davon geschafft hat!

Also nehmt euch Zeit, lest alles genau durch und holt euch Hilfe, falls nötig, bevor ihr loslegt. Dann kann nichts mehr schiefgehen.

Eure **LOTTA**

Sicherheit

Also, ich hab mich ja schon ein bisschen gewundert, wie gefährlich kochen sein kann. Typisch Mama, hab ich noch gedacht, als sie mich vor scharfen Messern und heißen Öfen gewarnt hat ... und dann ist mir beim Braten heißes Fett auf den Arm gespritzt. **AUA!**

Seitdem passe ich besser auf, und bei allen Sachen, bei denen man den Herd oder den Ofen benutzen muss, frage ich lieber einen Erwachsenen.

- Legt euren Schmuck ab und bindet die Haare zusammen.
- Passt auf, dass ihr sicher steht oder verwendet eine sichere Steh-Erhöhung.
- Der Boden muss immer trocken sein, damit niemand ausrutscht. Nasse Stellen daher sofort trockenreiben.
- Dreht Topf- und Pfannengriffe zur Seite, so bleibt ihr nicht daran hängen.
- Verwendet Backofenhandschuhe, wenn ihr heiße Töpfe oder Pfannen anfasst oder Auflaufformen oder Backbleche aus dem Backofen holt.
- Bei scharfen Messern und Küchenreiben und bei elektrischen Geräten ist immer die Aufsicht von Erwachsenen ratsam.

Außerdem höre ich den Großen jetzt besser zu – und verrate euch ihre Tipps beim Kochen.

Also

MEIN SUPERSCHNELLER START

- Rezept durchlesen
- Zutaten durchschauen (welche sind da; welche muss ich kaufen?)
- Einkaufen gehen
- Alles bereitlegen
- Schürze anziehen
- Haare zusammenbinden
- Hände waschen
- Loslegen

EIN REZEPT RICHTIG LESEN

Das passende Rezept findest du im Register (Inhaltsverzeichnis ab S. 4) oder du blätterst einfach drauflos und schaust dir die tollen Bilder an.

Unter jedem Rezept steht, für wie viel Personen oder Portionen das Essen gedacht ist. Oder die Stückzahl, die daraus entsteht. Auch die Zeit, die du für die Zubereitung brauchst, ist angegeben. Je öfter du kochst oder backst, desto schneller geht dir vieles von der Hand.

Im Anschluss findet du die Zutatenliste. Darin sind alle benötigten Zutaten für das Rezept aufgelistet. Schaue im Vorratsschrank und im Kühlschrank, was du schon dahast. Den Rest kaufst du vor dem Kochen ein. Dann folgt die Zubereitung. Darin werden alle Schritte in der Reihenfolge beschrieben, der du folgen musst, um das Essen zu kochen.

TIPP Es kann sein, dass manchmal etwas vom Gericht übrigbleibt. Das kannst du für eine andere Mahlzeit aufbewahren.

LOS GEHT'S

Boah, lecker!
Süße Gerichte,
Snacks und
Nachspeisen
Mehl

Pfannkuchen mit Apfelmus ODER SIRUP

Boah, lecker! Pfannkuchen sind mein absolutes Lieblingsessen! Am besten schmecken sie mit Apfelmus oder Sirup. Und am allerbesten ist es, wenn dann auch noch Cheyenne zum Essen vorbeikommt!

Die Pfannkuchen reichen für **4 Leute**.

Bis alles zusammengerührt ist, brauche ich **25 Minuten**, und dann **nochmal 25 Minuten zum Braten**. Dabei muss allerdings jemand von den Erwachsenen dabei sein. Ist ja klar, oder?

AM HERD!

Das braucht ihr dafür

Küchenwaage, Rührschüssel, Schneebesen, Messbecher, Backpinsel, beschichtete Pfanne, Suppenkelle, Pfannenwender

Zutaten

300 g Weizenmehl Type 405
3 Eier
500 ml Milch
Salz
1 EL Zucker
4 EL Sonnenblumenöl
500 g Apfelmus oder
100 ml Ahornsirup oder
3 EL Zimt-Zucker

Wiegt alle Zutaten ab und stellt sie bereit. Gebt das Mehl in eine große Rührschüssel. Schlagt die Eier an der Schüsselkante auf und lasst sie dann ins Mehl plumpsen (also, ohne Schalen natürlich!). Die Milch, 2 Prisen Salz und den Zucker dazu. Dann erst mal kräftig rühren. Meine Brüder können das auch schon, deshalb dürfen sie mir dabei immer helfen.

Anschließend rufe ich Mama oder Papa, damit sie am Herd mit aufpassen. Also: Herd anschalten, Pfanne drauf und die Pfanne **1 Minute** bei mittlerer Temperatur heiß werden lassen. Dann mit einem Pinsel den Pfannenboden dünn mit Öl bestreichen.

Eine Kelle voll Teig in die Pfanne geben, die Pfanne schwenken, damit sich der Teig gleichmäßig verteilen kann. **1 Minute** braten lassen. Den Pfannkuchen mit einem Pfannenwender umdrehen und auf der anderen Seite noch einmal **1 Minute** braten.
Die fertigen Pfannkuchen auf einem Teller aufeinanderstapeln. Und dann mit Apfelmus, Sirup oder auch Zimt und Zucker essen.
Hmmm, köschtlisch ...

Schokocreme mit Orangenscheiben

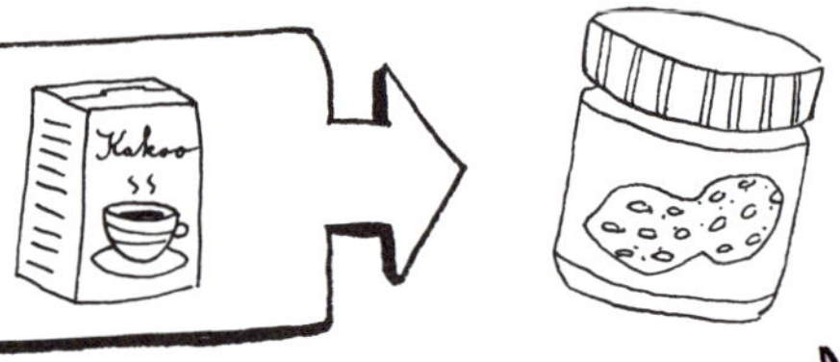

Sooo lecker – und man muss nicht mal eine Tüte dazu aufreißen. Das ist auch gut – weil Mama keine Fertigsachen mag und es selbst gemacht ja sowieso viel besser schmeckt!

Das gibt **4 leckere Schüsseln** Pudding. Tja, **Pech Gehabt, Blödbrüder**. Dann müsst ihr beiden euch wohl eine Schüssel teilen. Es dauert auch bloß **30 Minuten plus 1 Stunde Kühlzeit**, bis alles fertig ist … also, bis auf den Abwasch. Den lass ich aber sowieso für Jakob und Simon übrig.

AM HERD!

Das braucht ihr dafür

Küchenwaage, Topf, Tasse, Messbecher, Schneebesen, 4 schöne Schüsseln, Schüsseln, Schneidbrett, kleines Küchenmesser

Zutaten

100 ml Sahne
2 EL Kakaopulver
35 g Speisestärke
2 EL Zucker
400 ml Milch
2 Bio-Orangen

Wiegt alle Zutaten ab und stellt sie bereit. Füllt die Sahne in eine Tasse, gebt Kakaopulver, Speisestärke und den Zucker dazu. Solange verrühren, bis keine Klümpchen mehr zu sehen sind. Klümpchen sind nämlich voll **EKLIG**.

An dieser Stelle muss ich leider immer Mama oder Papa rufen. Weil ich nicht alleine an den Herd darf. Schüttet die Milch in einen Topf und kocht sie auf. Wenn die Milch kocht, schaltet den Herd auf die mittlere Stufe zurück. Sonst kocht sie nämlich über, und das ist voll der Schweinkram.

Die angerührte Schoko-Sahne-Mischung in die Milch gießen und mit dem Schneebesen rühren, rühren, rühren. Bloß keine Klümpchen. Dann lasst ihr den Pudding **1 Minute** kochen, wobei ihr immer weiterrührt. Sonst brennt die leckere Schokocreme an.

AUF DER NÄCHSTEN SEITE GEHT'S WEITER…

Fortsetzung von S. 14

Den Pudding anschließend in die schönen 4 Schüsseln umfüllen und dann sind die Orangen dran. Sonst wär's ja keine Schokocreme mit Orangenscheiben – und außerdem sind die total lecker. Nehmt ein kleines scharfes Messer und schneidet die Orangen in dünne Scheiben. Die Scheiben könnt ihr an einer Stelle von der Mitte bis zum Rand einschneiden.

Zuletzt legt ihr die Scheiben auf den Pudding, steckt eine eingeschnittene Scheibe an den Glasrand und stellt alles **1 Stunde** in den Kühlschrank. Mir zumindest schmeckt der Pudding kalt am allerbesten.

Und danach: Den Topf ausschlecken! Dann wird die Wartezeit auch nicht so lang.

WARENKUNDE

Obst und Gemüse

Kennt ihr „5 am Tag"? Das ist eine tolle Initiative unter der Schirmherrschaft des Bundesministeriums für Ernährung und Landwirtschaft und des Bundesministeriums für Gesundheit. Wenn du Lust hast kannst du viele tolle Infos darüber im Internet nachlesen.

Iss 2 Portionen Obst und 3 PORTIONEN GEMÜSE jeden Tag. Eine Portion ist so viel, wie deine geballte Faust groß ist. In Früchten und Gemüse sind reichlich Vitamine, Mineralstoffe und Ballaststoffe enthalten. Alles unentbehrlich für deinen Körper, um den ganzen Tag für dich Höchstleistung zu erbringen.

Noch dazu sind Obst und Gemüse wahre „Leichtgewichte" und machen nicht dick. Sie enthalten viel Wasser. Beides ist sowohl roh, als auch gegart sehr lecker.

Wackelpudding

Das Rezept ergibt **8 Portionen GLIBBER**. Voll lecker! (Meine Brüder kriegen trotzdem nicht mehr als ein Glas ab ...)

Es dauert nur **20 Minuten**, den Wackelpudding zu machen. Leider muss man anschließend **2-3 Stunden** warten, bis er im Kühlschrank fest wird. Puh. Aber in der Zwischenzeit kann man ja zum Beispiel mit seiner Lieblingsfreundin Cheyenne zusammen Stinkbomben basteln.

AM HERD!

Das braucht ihr dafür
kleine Schüssel, Schneebesen, kleiner Topf, 8 schöne Gläser (àà80–100 ml Fassungsvermögen), Messbecher

Zutaten
6 Blatt Gelatine
500 ml Maracujasaft
2 EL Zucker
8 EL Maracujakerne

Wiegt alle Zutaten ab und stellt sie bereit. Und dann wird's spannend: »Gelatine« hab ich persönlich zwar noch nie gehört, aber die braucht man für den **GLIBBER**.

Und es ist voll leicht: Einfach 250 ml kaltes Wasser in eine Schüssel füllen und die Gelatineblätter reinlegen. Danach sollen sie **10 Minuten** quellen.

In der Zwischenzeit sagt ihr am besten Mama oder Papa Bescheid, damit sie euch am Herd helfen. Danach gießt ihr den Saft in einen Topf und gebt noch 2 Esslöffel Zucker dazu (auch wenn Mama eventuell der Meinung ist, dass es so schon süß genug ist). Anschließend den Saft auf dem Herd erhitzen. Er muss nicht kochen, nur heiß sein.

Die Gelatineblätter aus dem Wasser nehmen und das Wasser gut ausdrücken. Den Saft vom Herd nehmen, die Gelatine in den Saft geben und solange rühren, bis die sich aufgelöst hat.
Anschließend Mama oder Papa bitten, dass sie den Saft in einen Messbecher schütten, dann in die 8 Gläser gießen. In den Kühlschrank stellen. Und danach habt ihr erst mal **2-3 Stunden** Zeit zum Spielen, bis der **GLIBBER** schön fest ist. Zum Schluss je 1 Esslöffel Maracuja-kerne pro Glas darübergeben.

Blaubeersuppe

BLÅBÄRSSOPPA

Die schmeckt voll nach Schweden – echt lecker! Das finden auch Mama und meine Brüder. Aber zum Glück mag Papa lieber Fisch, sodass wir die **4 Portionen** für uns alleine haben.

Dabei geht es viel schneller, die Suppe zu machen als einen Fisch zu grillen: nämlich nur **25 Minuten**.

AM HERD!

Das braucht ihr dafür
Küchenwaage, Zitronenpresse, Küchenmesser, Topf, Rührlöffel, Pürierstab

Zutaten
1 halbe Zitrone
1 Apfel
500 g Heidelbeeren (frisch oder tiefgekühlt)
250 ml Wasser
75 g Zucker (darf auch weniger sein)

Im Winter essen wir sie immer warm, im Sommer am liebsten eiskalt. Und wenn Oma zu Besuch ist, dürfen wir sogar eine Kugel Vanilleeis mit reintun.

Wiegt alle Zutaten ab und stellt sie bereit. Presst den Saft der Zitrone mit einer Zitronenpresse aus.

Dann solltet ihr Mama oder Oma Ingrid Bescheid sagen, weil ihr jetzt ein scharfes Messer braucht und danach auch schon das Kochen losgeht. Ihr müsst nämlich den Apfel waschen, vierteln und das Kerngehäuse herausschneiden. Schneidet die Apfelviertel in kleine Würfel.

Die Apfelwürfel mit den Heidelbeeren, dem Zitronensaft, dem Zucker und dem Wasser in den Topf geben. Alles aufkochen und dabei immer mal wieder umrühren. Die Suppe **3 Minuten** köcheln lassen.

Dann nehmt ihr 2–3 EL von den Blaubeeren wieder aus der Suppe raus. Aber nicht aufessen, auch wenn sie voll lecker sind!

Den Rest der Suppe mit dem Stabmixer pürieren. Bei uns macht das immer Mama, weil die Suppe ganz schön spritzen kann. Und das tut voll weh, weil sie so heiß ist – außerdem gibt das Flecken. Am Schluss die ganzen Beeren wieder in die Suppe geben.

Granola Pancakes

Wie lecker ist das denn? Frühstück und Nachtisch in einem! „Granola" ist das Beste, was Mama jemals in der Abteilung mit den gesunden Lebensmitteln gefunden hat.

Zum Glück isst Papa morgens lieber Vollkornbrot. Sonst würden die **4 Portionen** ja gar nicht für die ganze Familie reichen. Die Pancakes haben wir in **30 Minuten** fertig gehabt.

AM HERD!

Das braucht ihr dafür
Küchenwaage, Rührschüssel, Schneebesen, Pfanne, kleine Suppenkelle, Schneidbrett, Messer, Pfannenwender, Pürierstab

Zutaten
200 g Dinkelmehl Type 630 (oder Weizenmehl Type 405)
2 Eier
250 ml Milch
1 TL Zucker
2 TL Backpulver
1 TL Zimtpulver
Sonnenblumenöl zum Braten
5 EL Granola (knusprig-gebackenes Hafermüsli)
250 g frische Erdbeeren
1 EL Honig

Und wenn ihr dann nicht voll die gute Laune für den Tag habt, dann weiß ich auch nicht!

Messt alle Zutaten ab und stellt sie bereit. Gebt das Mehl in eine Schüssel. Jetzt kommen die Eier, die Milch, Zucker, Backpulver und Zimt dazu. Kräftig rühren, bis alles gut vermischt ist.

Jetzt geht's an den Herd, deshalb solltet ihr mal wieder eure Mama fragen (oder Papa – der nascht wenigstens nicht vom Teig). Also: Herd anschalten, Pfanne drauf und **1 Minute** bei mittlerer Temperatur vorheizen. 1 TL Öl in die Pfanne geben und die Pfanne schwenken, dass sich das Öl gut verteilen kann.

Den Teig mit einem Esslöffel in Häufchen in der Pfanne verteilen. Jetzt mit Granola bestreuen. **1 Minute** braten. Die Pancakes mit dem Pfannenwender umdrehen. Nochmal **1 Minute** braten. Und schon sind sie fertig und lecker!

Für die Erdbeersoße spült ihr die Erdbeeren in einem Sieb und schneidet die grünen Blätter ab. Gebt die Erdbeeren mit dem Honig in einen hohen Mixbecher. Mit dem Stabmixer fein pürieren. Die Pancakes mit dem Erdbeerpüree zusammen servieren.

Müsliriegel mit Schokolade

Also, Müsliriegel finde ich ja meistens nicht so lecker. Vor allem, wenn Mama sie in diesem Ayu...dingsbums-Laden gekauft hat. Aber diese hier schmecken total gut!

Aus den Zutaten könnt ihr **18 Stück** machen. Es sei denn, ihr schneidet sie kleiner. Dann werden es natürlich mehr. Die Müsliriegel waren nach etwa **1 Stunde** fertig.

IM BACKOFEN!

Das braucht ihr dafür
Küchenwaage, Schüssel, Messer, Topf, Rührlöffel, Backform (30x20 cm), Backpapier

Zutaten
- 100 g getrocknete Aprikosen
- 50 ml Apfelsaft
- 80 g Butter
- 120 g Honig
- 200 g Haferflocken
- 150 g Mandelstifte
- 1 Prise Salz
- 100 g backfeste Schokostreusel (ganz wichtig!)

Wiegt alle Zutaten ab und stellt sie bereit. Mit Mama oder Papa den Backofen auf 150 °C Ober-/Unterhitze vorheizen. Legt die Backform mit Backpapier aus. Und dann wird geschnippelt.

Schneidet die Aprikosen in kleine Stücke und gebt sie mit dem Apfelsaft in eine Schüssel. Jetzt die Butter und den Honig in einen kleinen Topf geben und aufkochen. Anschließend den Topf vom Herd ziehen. Schüttet die Haferflocken, Mandelstifte, Salz und Aprikosen zur Butter-Honig-Mischung. Rührt alles um.

Die Müslimischung jetzt gleichmäßig in die vorbereitete Form füllen. Danach streut ihr die Schokostreusel darauf und drückt alles gut an.

Die Form in den Backofen auf dem mittleren Einschub schieben. **25 Minuten** backen. Holt sie danach mit Ofenhandschuhen vorsichtig heraus. Oder mit Topflappen. Hauptsache vorsichtig!

Die Müslimasse **15 Minuten** abkühlen lassen. Dann mit einem scharfen Messer in 3 Streifen schneiden. Die Streifen in jeweils 6 Riegel schneiden. In Backpapier gewickelt sind die Müsliriegel ein super Power-Snack für Zwischendurch und zum Mitnehmen.
Also genau das Richtige, um einen Schultag bei **Frau Kackert** zu überstehen!

„Ohne-Rum"-Kugeln

Wenn Oma mal Rumkugeln mitbringt, sind die immer nur für die Erwachsenen. Natürlich, weil da Alkohol drin ist. Voll unfair! Aber diese „Ohne-Rum"-Kugeln sind mindestens genauso lecker. Und von denen kriegen Mama und Papa nichts ab. Ha!

Aus der Masse werden **50 kleine, süsse Kügelchen.**

Die sind blitzschnell fertig, nur **45 Minuten** – inklusive rollen, abkühlen und naschen!

Das braucht ihr dafür
Küchenwaage, Rührschüssel, kleines Messer

Zutaten
75 g weiche Butter
75 g Erdnussbutter
120 g Zucker
70 g Kakao
350 g feine Haferflocken
100 ml Sahne
100 g Schokostreusel

Wiegt alle Zutaten ab und stellt sie bereit. Und dann geht's auch schon los: Gebt die Butter, die Erdnussbutter, den Zucker, den Kakao, die Haferflocken und die Sahne in eine Schüssel. Vermengt alles mit den Händen.

Gebt die Masse auf die Arbeitsfläche und formt eine Rolle. Schneidet davon 2 cm lange Stücke ab. Die werden nun in den Händen kugelig gerollt. Die Kugeln anschließend in den Schokostreuseln wenden und **30 Minuten** kaltstellen.

Wenn nach dem ersten Probieren noch etwas übrig ist, könnt ihr sie in einer verschließbaren Dose **2–3 Tage** im Kühlschrank aufbewahren. Und am besten euren **Blödbrüdern** nichts davon verraten!!!

Schokosplitter-Eis

ohne Eismaschine

Boah, man kann Eis selber machen? Und es geht sogar superschnell? Cool! Nur schade, dass das Einfrieren anschließend immer so schrecklich lange dauert …

Das Rezept reicht für **8 Leute.**

Und ich hab bloß **30 Minuten** dafür in der Küche gestanden. Der Gefrierschrank hat danach allerdings noch mal **5–6 Stunden** gebraucht.

Das braucht ihr dafür
Küchenwaage, grobe Küchenreibe, Dosenöffner, hoher Mixbecher, Handrührer mit Schneebesen, Rührschüssel, Schneebesen, Kastenform (20 cm), Frischhaltefolie, Eisportionierer oder Esslöffel

Zutaten
100 g Zartbitterschokolade
250 ml Sahne
100 g griechischer Joghurt
1 Dose gezuckerte Kondensmilch (400 g)
8 Eiswaffel-Hörnchen
bunte Streusel

Wiegt alle Zutaten ab und stellt sie bereit. Spült die Kastenform mit kaltem Wasser aus, lasst sie gut abtropfen und legt sie mit Frischhaltefolie aus.

Dann müsst ihr die Schokolade auf der groben Seite der Küchenreibe raspeln. Gebt anschließend die Schlagsahne in einen hohen Mixbecher und schlagt sie mit den Schneebesen des Handrührers steif.

Jetzt in einer Schüssel den Joghurt mit der Schokolade und der Kondensmilch verrühren. Die Sahne zugeben und mit einem Schneebesen sehr vorsichtig unterheben.

Die Eismasse in die Form füllen. Mit Frischhaltefolie abdecken und **5–6 Stunden** im Gefrierfach einfrieren. Fertig!

Damit ihr das Eis leichter zu Kugeln formen könnt, lasst es etwa 5 Minuten bei Zimmertemperatur stehen. Dann Kugeln formen, in Eiswaffeln geben und bunte Streusel drüberstreuen. Oder auch Schokolinsen oder Kokosraspel oder was ihr sonst noch so auf eurem Eis mögt.

Popcorn

Selbstgemachtes Popcorn, cool! Das ist wie Kino zu Hause und geht fast schneller, als man eine Tüte Chips aufreißen kann. Findet jedenfalls Cheyenne. Außerdem kann man sich aussuchen, ob man es süß oder salzig essen möchte.

Die Popkörner reichen für ungefähr **4 Leute.**

Ich hab sie in **20 Minuten** fertig gehabt.

AM HERD!

Das braucht ihr dafür
Küchenwaage, Esslöffel, großen Topf mit Glasdeckel, große Schüssel, Papiertüten

Zutaten
6 EL Popcorn-Mais
2 EL neutrales Pflanzenöl
4 EL feiner Zucker

Falls ihr das Popcorn lieber salzig mögt, lasst den Zucker weg und streut nach dem Ploppen einfach einige Prisen Salz darüber.

Wiegt alle Zutaten ab und stellt sie bereit. Popcorn unbedingt mit Mama oder Papa zusammen machen, das Öl und der Zucker werden nämlich voll heiß!

Als erstes müsst ihr den Topf auf den Herd stellen. Gebt das Öl mit dem Zucker und dem Mais in den Topf. Nicht vergessen: Deckel drauf. Jetzt anschalten und genau hinhören.

Sobald die ersten Plopp-Geräusche und so ein Knistern zu hören sind, den Topf immer mal wieder rütteln. So verteilen sich die Körner gut und der Zucker brennt nicht an. Durch den Glasdeckel könnt ihr alles gut beobachten.

Wenn fast kein Ploppen mehr zu hören ist, den Topf vom Herd nehmen. Das Popcorn in eine große Schüssel umfüllen und etwas abkühlen lassen. Dann nach Lust und Laune in Papiertüten füllen, Kinofilm anmachen und losknabbern.

Kanelbullar
und mehr
Kuchen und
Gebäck
Zucker
Mehl

Nusshörnchen

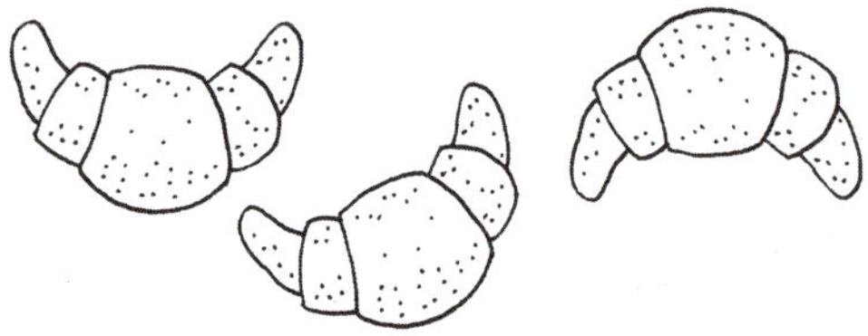

Also, für mich könnten die Nusshörnchen ja nur aus der Füllung bestehen. Die ist nämlich sowas von lecker! Allerdings macht Mama da nicht mit. Sie hat mich voll im Blick, wenn ich backe. Aber egal, die Dinger sind auch warm aus dem Ofen total köstlich.

Aus dem Teig kann man **12 Hörnchen** machen. Ich habe **45 Minuten** zur Vorbereitung gebraucht und sie dann **25 Minuten** gebacken.

IM BACKOFEN!

Das braucht ihr dafür
Küchenwaage, Topf, Rührschüssel, Backblech, Backpapier, Rollholz, Messer oder Rollschneider

Zutaten
Für den Teig
250 g Dinkelmehl Type 630
125 g Magerquark
2 gehäufte TL Backpulver
1 Prise Salz
1 Ei
75 ml Milch
75 ml Öl (zum Beispiel Sonnenblume, Raps, ...)
50 g Zucker
Für die Füllung
50 g Butter
50 g Zucker
1 TL Zimtpulver
100 g gemahlene Mandeln, Haselnüsse oder Walnüsse (was ihr gerne mögt)

Messt alle Zutaten ab und stellt sie bereit. Jetzt geht es an den Herd. **Wer hilft mir, bitte???** Gebt für die Füllung die Butter in einen kleinen Topf. Stellt ihn auf den Herd und schmelzt die Butter bei wenig Hitze. Dann den Topf beiseitestellen.

Zucker, Zimt und Mandeln zur Butter geben und alles gut verrühren. Schon ist die Füllung fertig. Aber jetzt bloß nicht zu viel naschen, sonst reicht es nicht für die Hörnchen!

Den Backofen anschalten. 180 °C Ober-/Unterhitze. Das Backpapier auf das Backblech legen.

Der Teig ist mega einfach. Gebt das Mehl, den Quark, das Backpulver, Salz, Ei, Milch, Öl und Zucker in eine große Rührschüssel. Den Teig knete ich mit den Händen. Das macht voll Spaß! Mama nimmt allerdings immer den Handrührer. Na, meinetwegen, soll sie mal.

AUF DER NÄCHSTEN SEITE GEHT'S WEITER...

Fortsetzung von S. 34

Jetzt streut ihr ein bisschen Mehl auf die Arbeitsfläche. Den Teig drauflegen und rund (etwa 24 cm im Durchmesser) ausrollen. Wenn er kleben sollte, nochmal Mehl drüber stäuben. Dann in 16 Pizzastücke schneiden. Die Nussfüllung draufgeben und mit einem Esslöffel verstreichen.

Anschließend von der breiten Seite zur Spitze hin aufrollen. Alle Hörnchen auf das Backblech legen. Wichtig: Schön Abstand halten, die gehen nämlich noch voll auf. Das Backblech in den Ofen schieben, mittlerer Einschub. **20-25 Minuten** backen.

Lauwarm sind die der Oberkracher. Echt!

WARENKUNDE

Kräuter und Gewürze

Zu den Gewürzen zählen zum Beispiel Pfeffer, Zimt, Vanille, Kurkuma, Koriander oder auch Fenchel.

Gemahlene Gewürze verlieren schneller ihr Aroma, deshalb sollten sie zügig aufgebraucht werden. Oder ihr kauft Gewürze im Ganzen und mahlt sie frisch in der Gewürzmühle oder im Mörser.

Kräuter schmecken intensiv und geben zusätzlich eine schöne Farbe.

Neben Petersilie, Schnittlauch und Dill zählen auch Thymian, Rosmarin oder Basilikum dazu.

Im Kühlschrank in einer Dose mit einigen Spritzern Wasser aufbewahren, dann bleiben sie einige Tage frisch. Oder Kräutertöpfchen kaufen und regelmäßig gießen.

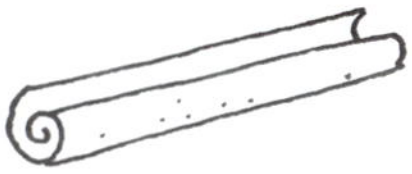

Donuts

Die gibt's bei uns immer aus dem Backofen und nicht aus der Fritteuse. Weil die sonst viel zu fettig werden, sagt Mama. Vor allem werden unsere Donuts total lecker ...

Aus dem Teig kann man **16 Stück** machen. Und ich weiß auch schon, wer keinen davon abkriegt: nämlich Berenike, die blöde Ziege. Die kann mit ihren dämlichen Lämmer-Girls weiter ihre ollen Puffreiskracker essen. Ich habe die Donuts in knapp **2 Stunden** fertig gehabt.

IM BACK-OFEN!

Das braucht ihr dafür
Küchenwaage, kleiner Topf, Rührschüssel, Handrührer mit Knethaken oder eure Hände, Backblech, Backpapier, 2 Ausstecher (6 cm und 2 cm), Löffel, Backpinsel, kleine Schüssel

Zutaten
120 ml Milch
250 g Dinkelmehl Type 630
2 TL Trockenhefe
1 Prise Salz
50 g Zucker
30 g weiche Butter + 3 EL mehr zum Bestreichen
1 Ei

Außerdem
150 g Puderzucker
1 halbe Zitrone
rote Lebensmittelfarbe
bunte Zuckerstreusel

Messt alle Zutaten ab und stellt sie bereit. Los geht's mit dem Teig: Die Milch in einen kleinen Topf geben, auf dem Herd lauwarm erhitzen.

Gebt das Mehl zusammen mit der Hefe, dem Salz und dem Zucker in eine Schüssel. Alles vermischen. Ei, lauwarme Milch und Butter zugeben. Mit den Knethaken des Handrührers oder den Händen zu einem Teig verkneten. Das dauert ein bisschen. Lohnt sich aber. Der Teig ist perfekt, wenn eine schöne runde Kugel entstanden ist, die nicht an den Händen klebt. Sonst noch etwas Mehl darauf stäuben.

Den Teig abdecken und zum Gehenlassen neben die Heizung stellen. **45 Minuten** Blockflöte üben ... solange geht der Teig nämlich (nur ab und zu mal nachgucken, ob er nicht schon weggegangen ist, hihi!).

AUF DER NÄCHSTEN SEITE GEHT'S WEITER...

Fortsetzung von S. 38

Anschließend knetet ihr den Teig auf der leicht bemehlten Arbeitsfläche kurz durch und rollt ihn 2 cm dick aus. Mit einem runden Ausstecher (na klar, Tasse geht auch) **12 Kreise** ausstechen. In der Mitte nochmal einen kleinen Kreis ausstechen (z.B. mit Papas Ehering). Die Teigringe auf das Backblech legen. Genug Abstand halten, weil die Dinger nämlich noch voll aufgehen. Danach nochmal **30 Minuten** gehen lassen.

Dann zurück in die Küche, natürlich mal wieder mit Mama oder Papa. Ofen auf 180 °C Ober-/Unterhitze einschalten. **10 Minuten** vorheizen.

Die Butter schmelzt ihr in einem kleinen Topf. Jetzt die Teigringe großzügig mit der Butter bestreichen. Backblech im mittleren Einschub (zusammen mit Mama oder Papa) in den Backofen schieben. **20-25 Minuten** goldbraun backen.

Dann abkühlen lassen. Den Saft der Zitrone auspressen. Puderzucker in eine Schüssel sieben. 1-2 EL Zitronensaft und Lebensmittelfarbe dazugeben. Gut rühren. Die Donuts in den **rosaroten** Guss tauchen (es sei denn, ihr nehmt lieber **blaue** oder **grüne** Farbe, hihi!). Streusel drüber, trocknen lassen und reinbeißen!

Am allerbesten sind die
Zimtschnecken lauwarm
aus dem Ofen. Dann
schmecken sie so richtig
nach Schweden und Elchen
und Pippi Langstrumpf!

Kanelbullar

Unser Urlaub in Schweden war wirklich total schön! Wenn Papa uns bloß nicht immer mit seinen Fischen genervt hätte ... Aber die Kamelboller, äh, Zimtkringel ... boah! Von denen hätte ich mich ernähren können ...

Für **12 Zimtschnecken**, die total nach Bullerbü schmecken! Ich habe ungefähr **1 Stunde und 45 Minuten** in der Küche dafür gebraucht.

IM BACKOFEN!

Das braucht ihr dafür
Küchenwaage, kleiner Topf, Rührschüssel, Handrührer mit Knethaken (oder die Hände), 12er Muffinblech, Backpinsel, Rollholz, Buttermesser

Zutaten
150 ml Milch
300 g Dinkelmehl Type 630
1 Päckchen Trockenhefe
50 g Zucker
1 Prise Salz
1 Ei
50 g weiche Butter für den Teig
75 g weiche Butter zum Bestreichen
4 EL brauner Zucker
4 TL Zimtpulver

Messt alle Zutaten ab und stellt sie bereit. Zum Glück ist Mama schon in der Küche, perfekt. Gießt die Milch in einen kleinen Topf. Auf dem Herd lauwarm erwärmen.

Gebt das Mehl, die Hefe, den Zucker und das Salz in eine Schüssel. Einmal gut umrühren. Milch, Ei und Butter dazu und jetzt kräftig kneten. Handrührer ist super, aber ich nehm die Hände. Sobald der Teig nicht mehr an den Fingern klebt, abdecken und **30 Minuten** gehen lassen.

Die Mulden des Muffinblechs mit Butter einfetten. Dann etwas Mehl auf die Arbeitsfläche streuen. Den Teig drauflegen und kurz kneten. Mit dem Rollholz auf etwa 40x50 cm ausrollen. Die Butter mit einem Messer draufstreichen. Zucker und Zimt mischen und auf den Teig streuen.

Von der langen Seite her aufrollen und in **12 Stücke** schneiden. Im Muffinblech verteilen. Und dann ... och nee ... nochmal **30 Minuten** gehen lassen.

Anschließend mit Mama oder Papa den Backofen auf 180 °C Ober-/Unterhitze einschalten. **10 Minuten** vorheizen. Schiebt das Blech auf dem mittleren Einschub in den Ofen, dann **20-25 Minuten** backen.

Pflaumenkuchen mit Schlagsahne

„Kinder, der Kuchen ist fertig!" – Oma Ingrids Pflaumenkuchen ist der allerbeste, echt! (Das finden leider auch die Wespen …)

Das Rezept ergibt einen runden Kuchen, den ich in **50 Minuten** fertig habe. Mama schneidet den Kuchen in **16 Stücke**. Also, ich würde nur 3 daraus machen …

IM BACKOFEN!

Das braucht ihr dafür
Küchenwaage, Sieb, Rührschüssel, Messer, Handrührer mit Knethaken (oder die Hände), Springform (24 cm Durchmesser), Backpinsel

Zutaten
250 g Dinkelmehl Type 630
125 g Magerquark
2 gehäufte TL Backpulver
1 Prise Salz
75 ml Milch
75 ml Öl + mehr für die Form
50 g Zucker
1 Ei
1 kg Pflaumen
2 EL brauner Zucker
1 TL Zimt

Messt alle Zutaten ab und stellt sie bereit. Die Zwetschgen (so kann man Pflaumen nämlich auch nennen) waschen, längs aufschneiden und den Kern herausholen. Die Hälften nochmal längs einschneiden, aber nicht durchschneiden. Die Springform mit Öl einfetten.

Der Teig ist voll einfach, den kriegen sogar meine BlödbrüDer hin. Gebt das Mehl, den Quark, das Backpulver, Salz, Milch, Öl, Zucker und das Ei in eine große Rührschüssel. Und dann knetet ihr ihn. Ich knete ja immer am liebsten mit den Händen, das matscht so schön! Mama nimmt allerdings lieber den Handrührer. Na, wenn sie meint.

Jetzt streut ihr ein bisschen Mehl auf die Arbeitsfläche. Den Teig drauflegen und rund ausrollen. Wenn er kleben sollte, nochmal Mehl drüber stäuben. Den Teig in die Springform geben. Die Pflaumen darauf verteilen und mit Zimt-Zucker bestreuen. Und dann geht es an den Herd.

Den Backofen anschalten, am besten mit Mama oder Papa zusammen. 180 °C Ober-/Unterhitze. Die Springform in den Ofen schieben, mittlerer Einschub. **30 Minuten** backen.

Lauwarm ist der Kuchen soooo lecker. Vor allem, wenn Oma auch noch Schlagsahne dazu macht!

Rosinenbrot ohne Rosinen

Rosinenbrot könnte ich ja jeden Tag zum Frühstück essen – wenn da bloß nicht immer so viele blöde Rosinen drin wären. Bäh! Deshalb kommt hier ein Rezept ohne Rosinen.

Ergibt **eine Kastenform** (30 cm) und etwa **20 Scheiben**.

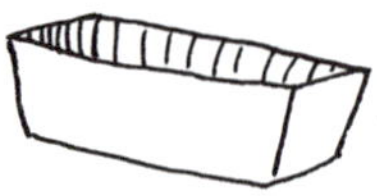

Mein Rosinenbrot war nach ungefähr **3 Stunden und 30 Minuten** fertig.

IM BACK-OFEN!

Das braucht ihr dafür

Küchenwaage, kleiner Topf, Rührschüssel, Esslöffel, 1 Kastenform (30 cm), Handrührer mit Knethaken

Zutaten

200 ml Milch
500 g Dinkelmehl Type 630
1 Päckchen Trockenhefe
1 halber TL Salz
75 g Zucker
3 Eier
100 g weiche Butter + mehr zum Einfetten

Wiegt alle Zutaten ab und stellt sie bereit. Los geht's mit dem Teig. Jetzt muss Mama oder Papa kurz dazu kommen.

Erwärmt die Milch in einem Topf auf dem Herd lauwarm. Gebt das Mehl mit der Trockenhefe, Salz und Zucker in eine große Schüssel. Mit einem Esslöffel vermischen. Die Milch, Eier und Butter zum Mehl geben. Alles mit dem Handrührer mit Knethaken zu einem glatten, geschmeidigen Teig verkneten.

Den Teig mit Mehl bestäuben, in der Schüssel abdecken und **2 Stunden** bei Zimmertemperatur gehen lassen (In der Zeit könnt ihr mit den Wilden Kaninchen zusammen jemandem auflauern. Zum Beispiel der hochnäsigen Berenike).

Die Kastenform fettet ihr mit Butter ein und stäubt sie mit Mehl aus. Auch die Arbeitsfläche mit etwas Mehl bestäuben.

AUF DER NÄCHSTEN SEITE GEHT'S WEITER...

Fortsetzung von S. 46

Gebt den Teig auf die Arbeitsfläche, ohne zu kneten. Stattdessen nur etwas flach drücken und wie ein Handtuch mehrmals zusammenschlagen. So entsteht eine etwa 25 cm lange Rolle.

Den Teig in die Kastenform legen. Abgedeckt lasst ihr ihn jetzt nochmal gehen, bis er an die obere Kante der Form reicht.

Dann den Backofen auf 180 °C Ober-/Unterhitze vorheizen. Die Kastenform auf dem mittleren Einschub in den heißen Ofen schieben. **1 Stunde** backen.

Mit den Ofenhandschuhen aus dem Ofen nehmen und abkühlen lassen. Aus der Form stürzen und in Scheiben schneiden. Schmeckt mit Butter und **MARMELADE** fast wie Kuchen ... oberlecker! Und nicht die kleinste Rosine in Sicht!

WARENKUNDE

Trockenprodukte

Darunter versteht man alles, was im Vorratsschrank gelagert werden kann. Also Mehl, Reis, Nudeln, Nüsse, Haferflocken, Grieß oder Zucker.

Sie halten in Vorratsdosen verpackt mehrere Monate. Immer wieder die Vorräte durchschauen und für Nachschub sorgen.

Milchprodukte

Neben Milch, Butter, Käse und Joghurt zählen dazu auch Quark, Crème fraîche, Buttermilch und Frischkäse.

Milchprodukte werden gekühlt gelagert, damit sie nicht verderben. Ausnahmen sind ungeöffnete Produkte mit der Aufschrift „haltbar“, wie zum Beispiel Milch.

Gruselige Kürbisküchlein

FÜR HALLOWEEN

SÜSSES ODER SAURES!

Aber wenn unsere Nachbarin Frau Segebrecht mal wieder so geizig ist und nichts rausrückt, dann backe ich mir eben selbst was Halloweeniges. So!

Für **12 gruselige Küchlein**, die ich nach **30 schaurigen Minuten** fertig hatte.

IM BACKOFEN!

Das braucht ihr dafür
Küchenwaage, 12er Muffinblech, 12 Muffinpapiere, Küchenmesser, Esslöffel, 2 Rührschüsseln, Küchenreibe, Küchenpinsel

Zutaten
- 120 g Kürbisfleisch
- 100 g Apfelmus
- 50 ml Milch
- 75 ml Pflanzenöl
- 150 g Dinkelmehl Type 630
- 100 g feine Haferflocken
- 1 Prise Salz
- 100 g Zucker
- 2 TL Backpulver
- 1 halbe Zitrone

Für die Glasur
- 120 g Puderzucker
- 1 EL Zitronensaft
- orange Lebensmittelfarbe
- 1 Tube schwarze Zuckerschrift

Wiegt alle Zutaten ab und stellt sie bereit. Anschließend kurz Mama oder Papa Bescheid sagen. Schaltet den Backofen auf 175 °C Ober-/Unterhitze ein. Das Muffinpapier im Muffinblech verteilen.

Und dann ist der Kürbis dran, jedenfalls 120 Gramm davon. Schneidet die Schale ab und schabt die Kerne heraus. Reibt ihn in eine Schüssel. Apfelmus, Milch und Öl dazu. In einer zweiten Schüssel Mehl, Haferflocken, Salz, Zucker und Backpulver mischen. Jetzt die Kürbis-Mischung zur Mehlmischung geben und mit einem Löffel 10 Mal umrühren. **Mehr nicht** – aber es dürfen auch kleine Klümpchen bleiben.

Den Teig mit dem Esslöffel in den Muffinpapieren verteilen. In den heißen Ofen auf den mittleren Einschub schieben und **20 Minuten** backen. Abkühlen lassen.

Für den Guss verrührt ihr den Puderzucker mit 1 EL Zitronensaft. Einige Tropfen Lebensmittelfarbe dazugeben und rühren, bis er schön **orange** ist.

Den Guss auf den Küchlein verstreichen und fest werden lassen. Mit schwarzer Zuckerschrift könnt ihr Gespenster, Spinnen und Spinnweben aufmalen. Oder, wenn's noch gruseliger sein soll, Frau Segebrechts Gesicht!

Blaubeermuffins

Hmmm, lecker, die erinnern mich wieder voll an unseren Urlaub in Schweden. Deshalb muss Cheyenne auch unbedingt mit dabei sein, wenn wir die backen.

Das werden **12 leckere Muffins**. Leider haben meine Brüder schon vom Teig genascht. Cheyenne auch. Und ich sowieso. Ich habe den Muffinteig in nur **15 Minuten** zusammengerührt und dann noch **20 Minuten** gebacken.

IM BACK-OFEN!

Das braucht ihr dafür

Küchenwaage, 12er Muffinblech, 12 Muffinpapiere, 2 Rührschüsseln, Esslöffel, kleines Sieb

Zutaten

120 g Zucker
2 TL Vanillezucker
1 Prise Salz
300 g Weizenmehl Type 405
2 TL Backpulver
2 Eier
120 ml Milch
150 g Joghurt
100 g weiche Butter
200 g Blaubeeren (frisch oder tiefgekühlt)
Puderzucker zum Bestäuben

Wiegt alle Zutaten ab und stellt sie bereit. Das Muffinpapier im Muffinblech verteilen.

Los geht´s mit dem Teig. Den Zucker mit Vanillezucker, Salz, Mehl und Backpulver in einer Schüssel verrühren. In einer zweiten Schüssel die Eier mit Milch und Joghurt verrühren. Die Mischung zur Mehlmischung geben. Butter dazu und 10 Mal rühren. Blaubeeren rein und noch 2 Mal rühren. Bei diesem Rezept machen Klümpchen gar nichts, glaubt mir. Die werden nämlich *superfluffig*!

Dann die Masse in die Förmchen verteilen. Mit Mama oder Papa in den heißen Ofen bei 175 °C Ober-/Unterhitze schieben. Mittlerer Einschub, **20 Minuten** backen.

Fertig abkühlen lassen. Puderzucker drüber – und schon ist es wieder ein bisschen wie in Schweden. Bloß ohne Elche.

Papageienkuchen

mit BUNTEN SCHOKOLINSEN

Ich frag mich immer, warum Mama ständig so ein komisches Ayu...dingsbums-Zeug kocht, obwohl sie auch sowas Tolles kann! Sogar der dämlichen Berenike sind fast die Augen aus dem Kopf gefallen, als ich den Papageienkuchen an meinem Geburtstag mit in die Schule gebracht hab.

Das Rezept ergibt **20 bunte und oberleckere Scheiben** (nur **Frau Kackert** hat keine abgekriegt) und ist nach etwa **1 Stunde** fertig.

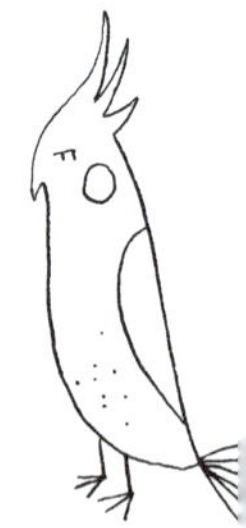

IM BACKOFEN!

Das braucht ihr dafür
Küchenwaage, Kastenform (30 cm), Backpinsel, Handrührer mit Schneebesen, 4 kleine Schüsseln, Löffel, kleiner Topf

Zutaten
250 g weiche Butter + mehr zum Einfetten
300 g Weizenmehl Type 405 + mehr zum Bestäuben
250 g Zucker
1 Pck. Vanillezucker
1 Prise Salz
4 Eier
1 Pck. Backpulver
80 ml Milch
Lebensmittelfarbe in Rot, Gelb, Blau und Grün
1 Beutel Kuchenglasur (Vollmilch oder Zartbitter)
4 EL bunte Schokolinsen

Wiegt alle Zutaten ab und stellt sie bereit. Zum Einschalten des Ofens am besten einen Erwachsenen rufen. 180 °C Ober-/Unterhitze.

Die Kastenform mit Butter einfetten und mit Mehl ausstäuben.

Und jetzt kommt das Beste: der bunte Teig! Butter, Zucker, Vanillezucker und Salz in eine Schüssel geben. Mit dem Handrührer **1 Minute** verrühren. Die Eier einzeln am Schüsselrand aufschlagen. Möglichst ohne Schalen die Schüssel glibbern lassen und **1 Minute** unterschlagen. Mehl, Backpulver, Milch zugeben und **1 Minute** verrühren.

Den Teig anschließend auf 4 Schüsseln verteilen. Jeden Teig **mit einer anderen Farbe** einfärben. Alle vier Teige dann abwechselnd in die Kastenform füllen. Je **verrückter**, umso besser! Ihr könnt aber auch nur eure Lieblingsfarbe benutzen.

Dann in den Backofen schieben. Mittlerer Einschub, **45-50 Minuten** backen. Abkühlen lassen. Anschließend aus der Form stürzen.

Kuchenglasur in einen Topf mit heißem Wasser stellen. **10 Minuten** stehen lassen.

Danach ordentlich durchrühren. Dabei besser von Mama oder Papa helfen lassen, weil das sonst einen Riesenschweinkram gibt – und heiß ist es außerdem. Für Schokofans den Schokoguss über den Kuchen gießen und mit einem Löffel verstreichen. Schokolinsen drauf und festwerden lassen.
In Stücke schneiden und lecker!

Ihr könnt natürlich statt Schokolinsen auch Brause oder sowas verwenden.

Mini-Marmorgugl

„Gugl" hört sich ja voll bayerisch an – ist aber tausendmal besser als Leberknödel und Schweinshaxe. Das finden auch **meine Blödbrüder**, und die kennen sich mit sowas aus. Also, nicht mit **Bayern**, aber mit süßen Sachen.

Das Rezept ergibt **12 kleine Kuchen**, die wahrscheinlich mal wieder schneller aufgegessen sind, als man „Oachkatzlschwoaf" sagen kann. Wer keine Mini-Guglhupfformen hat, nimmt halt ein Muffinblech oder eine normale Guglhupfform.

Der Teig ist in **15 Minuten** zusammengerührt und braucht in kleinen Formen nur **20 Minuten** zum Backen.

IM BACKOFEN!

Das braucht ihr dafür
Küchenwaage, 12 Mini-Guglhupf-Formen, Backblech, Backpinsel, 2 Rührschüsseln, Handrührgerät mit Schneebesen!

Zutaten
120 g Butter
120 g Zucker
1 Prise Salz
1 TL Vanillezucker
3 Eier
180 g Weizenmehl Type 405
1 TL Backpulver
20 g Kakaopulver
2 EL Milch
Puderzucker zum Bestäuben

Wiegt alle Zutaten ab und stellt sie bereit. Und schon geht's mit dem Teig los. Vorher noch mit Mama oder Papa den Backofen anschalten. 180 °C Ober-/Unterhitze.

Die Guglhupf-Förmchen stellt ihr auf das Backblech. Dann ölt ihr sie innen leicht ein. Ich mach das immer mit meinen (sauberen!) Fingern. Backpinsel geht aber auch!

Gebt die Butter, den Zucker, Vanillezucker und Salz in die Rührschüssel. Mit den Schneebesen des Handrührers **1 Minute** schaumig schlagen. Die Eier einzeln dazu geben. Dazwischen wieder **1 Minute** aufschlagen. Dann das Mehl und das Backpulver in einer zweiten Schüssel mischen. Ein Sieb auf die Schüssel mit der Butter-Mischung stellen. Die Mehlmischung darauf sieben und kurz, also etwa **1 Minute**, unterrühren.

AUF DER NÄCHSTEN SEITE GEHT'S WEITER...

Fortsetzung von S. 56

Den Teig in zwei gleiche Portionen aufteilen. Nur die eine Hälfte mit Kakao und Milch verrühren.

Verteilt anschließend den hellen und den dunklen Teig mit einem Teelöffel in den Guglhupf-Förmchen. Dann mit dem Löffelstiel einmal durch den Teig ziehen.

In den heißen Backofen schieben und **20 Minuten** backen. Abkühlen lassen, aus den Förmchen stürzen und mit Puderzucker bestäubt servieren.

P. S. Wenn ihr den Teig in Muffinschalen verteilt, werden nur 6 daraus. Egal, Hauptsache, es reicht für meine Familie und Cheyenne.

OBSTSALAT

Für 6–8 Personen

Ihr braucht dafür:
2 Bananen, 1 Apfel, 2 Orangen (eine davon zum Auspressen), 1 Kiwi, 1 Handvoll Weintrauben, 200 g Erdbeeren (im Sommer) oder 1 Schale Physalis (im Winter).

So geht's:
Das Obst waschen, putzen oder schälen und entkernen. In mundgerechte Stücke schneiden und in eine Schüssel geben. Eine Orange auspressen und den Saft zum Salat geben.
Wer mag, röstet mit Mama oder Papa zusätzlich 3 EL Mandelblättchen in einer Pfanne und gibt sie zum Salat.
Das knackt schön. Auch 2 EL Rosinen oder andere Trockenfrüchte sind sehr lecker im Obstsalat. Im Sommer mit einigen Blättchen Minze garnieren.

Tarte aux pommes

Eine Torte aus Pommes! Cool! Obwohl **Rémi** behauptet, dass das ein Apfelkuchen ist. Und er muss es ja wissen, weil er aus Frankreich kommt. Na, umso besser. Schließlich ist so ein Kuchen noch viel leckerer! **L'amour! Bonjour!**

Mon cherie, pour 12 pièces (auf gut deutsch: Stücke). **Bon appétit!** Für diesen Kuchen habe ich ungefähr **1 Stunde und 30 Minuten** gebraucht.

IM BACKOFEN!

Das braucht ihr dafür
Küchenwaage, 3 Rührschüsseln, Gemüseschäler, Zitronenpresse, Rollholz, Springform 24 cm Durchmesser

Zutaten
Für den Boden
250 g Weizenmehl Type 405
165 g Butter + mehr für die Form
85 g Puderzucker
1 Prise Salz
Für die Füllung
1 kg säuerliche Äpfel (z.B. Sorte Boskop)
1 Zitrone
2 TL Zimtpulver
2 EL brauner Zucker
Für die Streusel
100 g Weizenmehl
50 g Haferflocken
80 g kalte Butter
80 g brauner Zucker
1 Prise Salz
50 g Mandelblättchen

Wiegt alle Zutaten ab und stellt sie bereit. Los geht`s mit dem Teig: In einer Schüssel Mehl, Butter, Puderzucker, Salz und 2 EL Wasser mit dem Handrührer zu Streuseln verkneten. Fügt dann die Streusel kurz mit den Händen zu einer Kugel zusammen. Wickelt den Mürbeteig in Frischhaltefolie, und dann für eine halbe Stunde ab damit in den Kühlschrank.

Als nächstes kommen die richtigen Streusel dran. Dafür gebt ihr Mehl, Haferflocken, Butter, braunen Zucker und Salz in eine Schüssel. Verreibt alles zwischen den Händen, solange, bis ganz viele streuselige Streusel entstanden sind. Abdecken und kaltstellen.

Danach geht es an die Äpfel: Zuerst waschen, dann mit dem Gemüseschäler rundum schälen. Die Äpfel vierteln, das Kerngehäuse herausschneiden und die Viertel in dünne Scheiben schneiden.

AUF DER NÄCHSTEN SEITE GEHT'S WEITER...

Fortsetzung von S. 61

Presst anschließend den Saft der Zitrone aus. Die Apfelscheiben mit Zitronensaft, Zimt und braunem Zucker mischen.

Den Backofen (mit einem Erwachsenen zusammen) einschalten. 200 °C Ober-/Unterhitze. Die Springform mit Butter einfetten. Den Mürbeteig aus dem Kühlschrank holen. Die Arbeitsfläche dünn mit Mehl bestäuben. Den Teig rund ausrollen, ungefähr auf 26 cm ø. Zum Messen benutzt ihr einfach den Boden der Form. Der Teig muss ein bisschen größer als der Boden sein.

Den Teig dann (mit Mamas oder Papas Hilfe) in die Springform legen. Die Ränder mit dem Teig auskleiden und andrücken. Die Äpfel auf dem Teig verteilen. Streusel und Mandeln drauf und ab damit in den Ofen. **35-40 Minuten** backen. Fertig und lecker! Und das findet sogar Rémi.

GESUNDHEIT

Gesund ernähren und bewegen

Um gesund zu bleiben, zu wachsen und ausreichend Energie für den Tag zu haben, braucht dein Körper Nährstoffe. Die zieht er sich am besten aus natürlichen Zutaten. Sie sind umso natürlicher, je weniger sie verarbeitet sind. Und natürlich umso vielfältiger.

Eine gute Mischung aus Obst, Gemüse und Vollkornprodukten kombiniert mit wenig Eiweiß, Milchprodukten und gesunden Fetten ist perfekt. Verzichte weitestgehend auf Fertigprodukte und Fast Food, denn das enthält zu viele ungesunde Fette, Zucker und viele industriell zugesetzte Stoffe, die dein Körper nicht benötigt.

Je mehr Obst, Gemüse und Vollkorn du jeden Tag isst, umso eher kann dein Körper auch mal eine Portion vom ungesunden Fast Food verkraften. Mit Bewegung tust du dir richtig gut. Dein Körper wird beweglich, du baust Muskeln auf und verbrennst Energie.

Erdbeerkuchen

Boah, lecker ... Den wünsche ich mir immer zum Geburtstag. Und weil ich im Juni Geburtstag hab, krieg ich den auch! Sogar mit Sahne!

Für **12 Erdbeerkuchenstücke** habe ich ungefähr **1 Stunde und 30 Minuten** in der Küche gestanden.

IM BACKOFEN!

Das braucht ihr dafür

Küchenwaage, Rührschüssel, Handrührer mit Knethaken und Schneebesen, Frischhaltefolie, Sieb, kleines Küchenmesser, Springform (24 cm Durchmesser), Frischhaltefolie, Rollholz, Mixbecher

Zutaten

130 g kalte Butter
200 g Weizenmehl Type 405 + mehr zum Ausrollen
65 g Puderzucker
1 Prise Salz
1 Eigelb
1 kg Erdbeeren
350 g Schlagsahne
3 EL Puderzucker
frische Minzeblätter, gewaschen und trocken geschüttelt

Wiegt alle Zutaten ab und stellt sie bereit. Los geht's mit dem Mürbeteig. Die Butter in Würfel schneiden. Das Mehl mit der Butter, dem Puderzucker, Salz, dem Eigelb und 1 EL Wasser in eine Schüssel geben. Mit den Knethaken des Handrührers (oder den Händen) zu Streuseln verkneten. Dann mit den Händen zu einer Kugel formen. In Frischhaltefolie wickeln und **30 Minuten** in den Kühlschrank stellen.

Die Erdbeeren vorsichtig in ein Sieb legen. Kurz unter dem Wasserhahn abspülen und abtropfen lassen. Jetzt die grünen Blätter mit einem kleinen Messer abschneiden. Die Erdbeeren vierteln.

Den Backofen auf 180 °C Ober-/Unterhitze vorheizen. Das mache ich immer mit Mama oder Papa. Den Mürbeteig 2 cm größer als die Form (also 26 cm Durchmesser) dünn ausrollen. In die Form legen und den Rand an allen Seiten 1 cm hoch andrücken. Den Boden mit einer Gabel mehrmals einstechen.

Im Backofen auf dem mittleren Einschub **15–18 Minuten** backen. Mit Backofenhandschuhen herausnehmen. Ganz abkühlen lassen.

Gebt die Sahne in einen hohen Mixbecher. Auf kleiner Stufe anschlagen, bis sie leicht cremig ist. Dann gebt ihr den Puderzucker dazu und schlagt sie auf hoher Stufe steif.

Mürbeteigboden auf eine Platte setzen. Die Sahne darauf verteilen und verstreichen. Dabei nicht so viel naschen! Mit den Erdbeeren zusammen schmeckt es nämlich noch viel besser, ganz ehrlich!

Also:
Erdbeeren und Minze drauf, in 12 Stücke schneiden und dann:
Happy Birthday to me!

Pfannkuchentorte

Was ist noch besser als ein Pfannkuchen? Eine ganze Pfannkuchentorte! Da lässt sogar Papa sein Käsebrot stehen. Und für meine beiden Brüder gibt es keine bessere Geburtstagstorte!

Für **12 oberleckere Tortenstücke** habe ich ungefähr **1 Stunde und 40 Minuten** in der Küche gestanden.

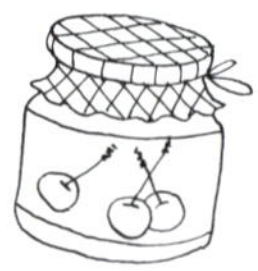

AM HERD!

Das braucht ihr dafür
Küchenwaage, 2 Rührschüsseln, Schneebesen, Pfanne, Backpinsel, Schöpfkelle, Pfannenwender, Küchenmesser, kleines Sieb

Zutaten
300 g Dinkelmehl Type 630
2 TL Backpulver
4 Eier
500 ml Milch
1 halber TL Salz
2 EL Zucker
Pflanzenöl zum Braten
1 Glas Kirschmarmelade (etwa 280 g)
250 g Speisequark (20 % Fettgehalt)
1 halbe unbehandelte Zitrone
75 g Zucker

Wiegt alle Zutaten ab und stellt sie bereit. Gebt das Mehl mit dem Backpulver in eine große Rührschüssel.

Schlagt die Eier an der Schüsselkante auf und lasst sie ins Mehl plumpsen. Die Milch, sowie Salz und Zucker dazu. Dann erst mal kräftig rühren. Meine **Brüder** können das auch schon, deshalb dürfen sie mir da immer helfen. Also, zumindest, wenn sie nicht so viel naschen.

Anschließend rufe ich Mama oder Papa, damit sie am Herd mit aufpassen. Also: Herd anschalten, Pfanne drauf und **1 Minute** heiß werden lassen. Dann mit einem Pinsel den Pfannenboden dünn mit Öl bestreichen. Eine Kelle voll Teig in die Pfanne geben und sie schwenken, damit sich der Teig gleichmäßig verteilen kann. **1 Minute** braten lassen. Dann wendet ihr den Pfannkuchen mit einem Pfannenwender und auf bratet ihn auf der anderen Seite noch einmal **1 Minute**. Die Pfannkuchen auf einem Teller stapeln.

Zum Füllen haben die Jungs Kirschmarmelade ausgesucht. Die kocht Mama immer selbst. Für die Creme den Quark mit Zitronensaft und Zucker in einer Schüssel verrühren. Danach legt ihr den ersten Pfannkuchen auf eine Tortenplatte und verstreicht 2 EL Marmelade drauf.

Pfannkuchen sind mein absolutes Lieblingsessen

Wieder einen Pfannkuchen und dann zwei Esslöffel Quarkcreme. Danach immer im Wechsel: Pfannkuchen, Marmelade, Pfannkuchen, Quarkcreme. Bis ein leckerer Stapel fertig ist. Zum Schluss – auch wenn ich am liebsten gleich reinbeißen würde – 1 Stunde kaltstellen. In 12 Stücke schneiden. Bestäubt die Torte mit Puderzucker, und dann wird's lecker!

Bei Mürbeteig, oder wie hier, Mandelmürbeteig, nur wenig kneten. Denn sonst wird der Teig **brandig.** Ich weiß zwar nicht, was **brandig** heißen soll, aber es hört sich nicht besonders lecker an. Und lecker sollen die Kipferl ja werden!

Vanillekipferl

Weihnachten ohne Plätzchen ist wie Sommer ohne Schwimmbad. Deshalb kommen hier jetzt gleich zwei meiner weihnachtlichen Lieblingsplätzchen. Als erstes sind die vanilligen ... Vanillekipferl dran!

Daraus werden ungefähr **35–40 Kipferl**, je nachdem, wie groß ihr sie macht.

Nach ungefähr **45 Minuten** und **1 Stunde** Kühlzeit sind die Kipferl fertig.

IM BACKOFEN!

Das braucht ihr dafür

Küchenwaage, kleines Messer, Schneidbrett, Rührschüssel, Messer, Backblech, Backpapier

Zutaten

1 Vanilleschote
125 g Puderzucker
275 g Weizenmehl Type 405
100 g gemahlene Mandeln (geschält)
200 g kalte Butter
100 g Puderzucker zum Wenden

…egt die Zuta…n ab und stellt …e bereit. Jetzt geht's mit dem Teig los: Schneidet die Vanilleschote mit einem kleinen Messer der Länge nach auf. Das Mark mit dem Messerrücken auskratzen.

Dann den Puderzucker mit Mehl, Mandeln, der Hälfte des Vanillemarks, Butter und 1 EL kaltem Wasser in einer Schüssel zu Streuseln verreiben. Knetet danach die Streusel mit den Händen zügig zu einem Teig zusammen. Stellt die Teigkugel abgedeckt **1 Stunde** in den Kühlschrank.

Heizt (mit Mama oder Papa) den Backofen auf 175 °C Ober-/Unterhitze vor. Das Backblech mit Backpapier auslegen. Dann die Arbeitsfläche mit etwas Mehl bestreuen. Den Teig zu einer Rolle formen. In 2–3 cm lange Stücke schneiden. Rollt die Stücke mit der flachen Handfläche rund und biegt sie zu Hörnchen. Mit etwas Abstand auf dem Backpapier verteilen.

Im vorgeheizten Backofen auf dem mittleren Einschub **15 Minuten** goldgelb backen. Auf dem Blech lauwarm abkühlen lassen. Den übrigen Puderzucker mischt ihr mit dem restlichen Vanillemark. Dann die Kipferl vorsichtig im Vanillepuderzucker wenden. Anschließend könnt ihr sie in einer Gebäckdose aufbewahren.

Gewürz-spekulatius

Ich spekuliere ja auf vieles, sagt Papa manchmal. Keine Ahnung, was er damit meint. Aber Hauptsache, ich kriege die meisten Spekulatius ab!

Das werden **30-40 superknusprige Kekse**.

Und man kriegt sie in **30 Minuten** plus 1 Stunde Kühlzeit fertig.

IM BACK-OFEN!

Das braucht ihr dafür

Küchenwaage, Schneidbrett, kleines Messer, Rührschüssel, Backblech, Backpapier, Rollholz, Ausstecher mit euren Lieblingsmotiven

Zutaten

100 g kalte Butter
100 g gemahlene Mandeln (geschält)
200 g Weizenmehl Type 405 + mehr zum Ausrollen
1 TL Backpulver
1 Prise Salz
120 g Zucker
2 TL Spekulatiusgewürz
1 Ei

Wiegt alle Zutaten ab und stellt sie bereit. Und schon geht's mit dem Teig los. Schneidet die Butter in Würfel. Nun gebt ihr alle Zutaten in die Rührschüssel. Vermengt alles mit den Händen zügig zu Streuseln. Dann kurz zu einem kompakten Teig zusammenkneten. Den Teig in Frischhaltefolie wickeln und **1 Stunde** im Kühlschrank ruhen lassen.

Ein Backblech mit Backpapier auslegen. Den Backofen schaltet ihr mit Mama oder Papa auf 175 °C Ober-/Unterhitze ein.

Bestreut die Arbeitsfläche mit etwas Mehl und rollt den Teig 3 mm dick aus (**NICHT** 3 **cm**, so wie meine **Blödbrüder**!). Nun könnt ihr ausstechen, nach Lust und Laune.

Die Kekse auf dem Backblech verteilen. Im mittleren Einschub in den Backofen schieben und **10 Minuten** backen.

Die Teigreste knetet ihr nochmal zusammen und stecht immer weiter aus, bis der ganze Teig aufgebraucht ist.

Nach dem Abkühlen darf man übrigens auch gleich mal probieren. Falls danach noch was übrig ist, einfach in einer Gebäckdose aufbewahren.

Herzhafte Gerichte, Brote und Snacks

Würstchen im Brötchen

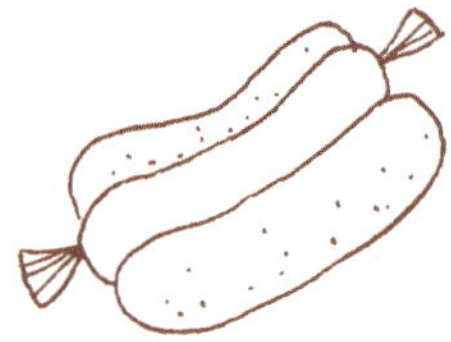

Zum Geburtstag oder abends im Sommer direkt vom Grill – Cheyenne schafft manchmal sogar zwei Stück davon!

Das Rezept ergibt **4 Portionen** (oder 3 – wenn ihr solche Leute wie Cheyenne zu Besuch habt ...).

Ich hab alles in genau **10 Minuten** fertig gemacht. Voll schnell.

AM HERD!

Das braucht ihr dafür

Pfanne, Zange oder Pfannenwender, Messer

Zutaten

8 dünne Schweinsbratwürste
1 EL Raps- oder Sonnenblumenöl
4 Brötchen
Ketchup oder Senf

Stellt alle Zutaten bereit. Und dann fangt an: Sagt Mama oder Papa Bescheid und schaltet den Herd an. Die Pfanne daraufstellen. Gebt das Öl hinein und legt die Bratwürste in die kalte Pfanne. Auf mittlerer Stufe erhitzen und die Bratwürste braun braten. Dann wendet sie und bratet sie auf der zweiten Seite auch schön braun.

Die Brötchen aufschneiden, zwei Würstchen hineinlegen und mit Ketchup oder Senf essen. Guten Appetit!

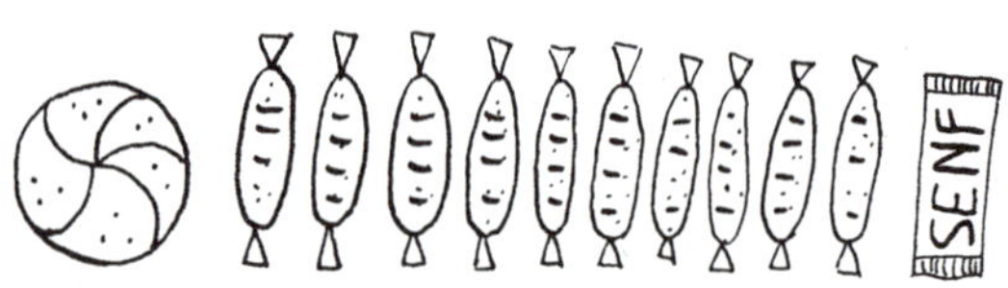

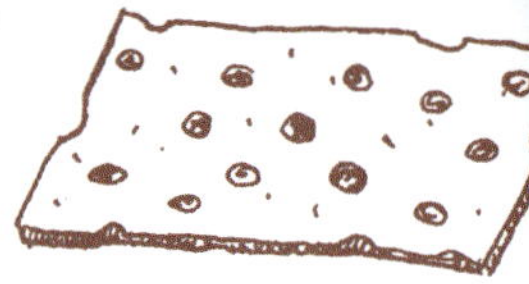

Knäckebrot mit Erdnussbutter & Chipsletten

UND

KNÄCKEBROT MIT TEEWURST & KETCHUP

Zutaten
4 Scheiben Knäckebrot
2 EL Erdnussbutter
6 Chips (am liebsten Chipsletten)
2 EL Teewurst oder Salamiwürfel
2 TL Ketchup

Zwei meiner absoluten Lieblingsbrote für zwischendurch, auch wenn Mama und Papa immer so komisch gucken. Aber Cheyenne und **meine Brüder** wissen, dass die Knäckebrote voll lecker sind!

Das gibt zwei Scheiben für jeden von uns (also für Cheyenne und mich!)

Und ich brauche nur **5 Minuten.**

Stellt alle Zutaten bereit. Zwei Knäckebrote bestreicht ihr mit Erdnussbutter und verteilt die Chips darauf. Auf die anderen beiden streicht ihr zuerst die Teewurst und dann den Ketchup.

Anschließend einfach auf zwei Teller legen und reinbeißen. Allerdings solltet ihr aufpassen, dass euch eure **Blödbrüder** nicht alles wegessen!

Das braucht ihr dafür:
Messer,
Schneidbrett

KET
CHIPS

Dinkelbrötchen mit Thunfisch-Kapern-Frischkäse

Wer Thunfischpizza liebt, mag garantiert auch meinen Lieblings-Brotaufstrich (den man übrigens auch gut als Dip essen kann ... mit Crackern oder so). Und wenn ihr findet, dass Kapern eklige, salzige Pestbeulen sind, nehmt einfach nur die Lake, in der sie im Glas rumschwimmen.

Das gibt **4 oberleckere Portionen.**

Bei mir sind die in **10 Minuten** fertig.

Das braucht ihr dafür
Zitronenpresse, Schneidbrett, Küchenmesser, Rührschüssel, Löffel

Zutaten
2 TL Kapern (oder nur 3 TL Lake)
1 Dose Thunfisch in Lake
1 halbe Zitrone
1 Packung Frischkäse (300 g)
1 TL Paprikapulver edelsüß
Salz
Pfeffer
1 Bund Schnittlauch
4 Dinkelbrötchen (oder was ihr sonst so mögt)

Stellt alle Zutaten bereit, bevor ihr anfangt. Dann legt die Kapern auf das Brett und hackt sie mit dem Messer in grobe Stücke. Gießt den Thunfisch ab. Den Saft der Zitrone presst ihr aus.

Gebt anschließend den Frischkäse mit Thunfisch, Kapern, Zitronensaft und Paprikapulver in eine Schüssel. Mit 2–3 Prisen Salz und Pfeffer würzen und verrühren. Den Schnittlauch waschen, trockentupfen und kleinschneiden.

Jetzt könnt ihr zwei Brötchenhälften (oder ein paar Cracker) mit dem Frischkäse-Aufstrich bestreichen. Dann nur noch den Schnittlauch darüber streuen und fertig.

Nehmt die Käsestangen mit den Ofenhandschuhen aus dem Ofen und lasst sie abkühlen. Zum Essen sollten sie allerhöchstens noch lauwarm sein.
Mit dem Dip servieren.
Und am besten **Den Blödbrüdern** nichts davon verraten. Sonst sind die Stangen viel zu schnell weg.

Überbackene Käsestangen mit Dip

Was knuspert da in meinem Häuschen? Hänsel und Gretel? ... Oder etwa die allerbesten Blätterteigstangen der Welt? Dip-dip-hurra!

Aus dem Teig kann man ungefähr **40 Stangen** machen.

Und nach **10 Minuten** landen sie für **20 Minuten** im Ofen.

IM BACKOFEN!

Das braucht ihr dafür
Küchenwaage, Backblech, Backpapier, Backpinsel, kleine Schüssel, Küchenreibe, Rührschüssel, Schneebesen, Küchenmesser, Teigrädchen (So eins mit Wellen. Wer keins findet, nimmt einfach ein Messer.)

Zutaten
150 g Gouda
1 Rolle Blätterteig
1 Ei
200 g Saure Sahne
1 TL Paprikapulver edelsüß
1 TL getrockneter Oregano
2 EL Tomatenmark
1 TL Honig
Salz
Pfeffer

Wiegt alle Zutaten ab und stellt sie bereit. Schaltet mit Mama oder Papa den Backofen an. 200 °C Ober-/Unterhitze. Das Backblech vorher rausnehmen und mit Backpapier auslegen.

Jetzt raspelt ihr den Käse in eine Schüssel. Den Blätterteig aus der Verpackung nehmen und ausbreiten. Schneidet ihn der Länge nach einmal durch. Nun aus jeder Hälfte 20 Streifen schneiden. Das Ei in eine kleine Schüssel aufschlagen und mit der Gabel verquirlen.

Bestreicht den Blätterteig mit dem Ei und streut den Käse darauf. Jetzt jeden Teigstreifen mehrmals verdrehen und auf das Backblech legen. Immer etwas Abstand lassen.

Das Blech im mittleren Einschub in den Ofen schieben. **20 Minuten** backen.

In der Zwischenzeit rührt ihr den Dip an. Dafür die Saure Sahne mit Paprika, Oregano, Tomatenmark, Honig und 2–3 Prisen Salz und etwas Pfeffer verrühren.

Kleine leckere Spiesse mit allem

Die kleinen Dinger sind tolle Party-Snacks. Die mag wirklich jeder. Und zwar viel lieber als Berenikes französisch-asiatische Party-Futschi-Küche! Ha!

Das werden **15 Spiesse**, nicht unbedingt für den großen Hunger. Aber als Häppchen reichen sie ungefähr für **5 Leute**.

Ich brauche dafür **20 Minuten**.

Das braucht ihr dafür
Küchenwaage, Schneidbrett, Messer, 15 Holzspieße

Zutaten
150 g Gouda
15 helle und dunkle Trauben (ganz, wie ihr mögt)
15 Mini Mozzarella
2 EL Basilikumpesto
15 Kirschtomaten
15 Basilikumblätter
1 Scheibe Bauernbrot
15 Mini Wiener
15 Cornichons

Wiegt alle Zutaten ab und stellt sie bereit. Mit dem Käse fangt ihr an: Den schneidet ihr nämlich in Würfel. Anschließend wascht ihr die Trauben und steckt sie abwechselnd mit dem Käse auf 5 Holzspieße.

Jetzt sind die Mozzarellaspieße dran. Den Mozzarella mit dem Pesto mischen. Die Kirschtomaten waschen. Mozzarella und Kirschtomaten abwechselnd mit den Basilikumblättern auf 5 Holzspieße stecken.

Und nun an die Würstchenspieße! Das Brot in große Würfel schneiden. Die Brotwürfel, Wiener und Cornichons abwechselnd auf 5 Spieße stecken.

Alles hübsch auf eine Platte legen und servieren. Die Spieße schmecken genauso lecker, wie sie aussehen!

Dicke Pizza-pfannkuchen

Pizza und Pfannkuchen zusammen! Fällt euch irgendwas ein, was noch leckerer ist? Ganz bestimmt nicht, oder?

Ich habe **30 Minuten** in der Küche gestanden, bis wir endlich essen konnten.

Für **4 gute Esser**. Gibt's bei uns immer, wenn Mama beim Yoga ist.

AM HERD!

Das braucht ihr dafür
Küchenwaage, 2 Rührschüsseln, Schneebesen, Pfanne, Schöpfkelle, Schneidbrett, Messer, Pfannenwender

Zutaten
1 rote Paprikaschote
6 Champignons
150 g Gouda
2 Wiener Würstchen
250 g Weizenmehl Type 405
4 Eier
350 ml Milch
150 g Schmand
Salz
2 TL Backpulver
1 TL getrockneter Oregano
4 TL Butter
Pfeffer

Wiegt alle Zutaten ab und stellt sie bereit. Und dann wird erst mal geschnippelt. Dabei können eure Brüder gut helfen!
Die Paprikaschote waschen, halbieren und die Kerne herausholen. Die Hälften in kleine Würfel schneiden. Die Pilze mit einem Küchentuch abreiben, putzen und dann würfeln. Den Käse und die Würstchen würfeln. Alles in einer Schüssel mischen.

Für den Teig das Mehl mit den Eiern, der Milch, dem Schmand, 1 TL Salz, Backpulver und Oregano in einer zweiten Schüssel kräftig verrühren. Jetzt geht's an den Herd, also besser Papa rufen (Mama ist ja beim Yoga).

Eine Pfanne auf den Herd stellen und **1 Minute** erhitzen. 1 TL Butter in der Pfanne schmelzen. 1 gute Kelle Teig hineingeben und gleichmäßig in der Pfanne verteilen. Mit etwas Gemüse-Wurst-Mischung bestreuen. Den Pfannkuchen **1 Minute** braten. Mit dem Pfannenwender umdrehen und nochmal eine Minute braten. Aus dem übrigen Teig und dem übrigen Gemüse noch 3 weitere Pfannkuchen backen.

Gleich essen. Wer mag, macht noch einen Salat dazu. Also, ich mag – aber den darf Papa schnippeln!

Pizzaschnecken

Eigentlich esse ich ja am liebsten Salamipizza. Aber weil die Pizzabrötchen so schön klein sind, sind die für unterwegs natürlich noch viel praktischer. Pizza in der Brotdose! Cool, oder? Eigentlich wären das doch auch tolle Schulbrote ... oder, Mama? Maa-maa!

Das werden **20 megaleckere Schnecken**.

Ich habe **30 Minuten** in der Küche gestanden, bis alles fertig war. Allerdings braucht man nochmal **50 Minuten extra**, damit der Brötchenteig schön aufgehen kann.

IM BACKOFEN!

Das braucht ihr dafür
Küchenwaage, 2 Rührschüsseln, Schneidbrett, Messer, grobe Küchenreibe, Backblech, Backpapier, Rollholz

Zutaten
- 400 g Dinkelmehl Type 630
- 1 halber TL Salz
- 1 TL getrockneter Oregano
- 1 Päckchen Trockenhefe
- 200 ml lauwarmes Wasser
- 3 EL Olivenöl
- 150 g Salami
- 200 g Gouda
- 2 EL Tomatenmark
- 150 g Schmand
- 3 EL Milch
- 5 Stängel glatte Petersilie (wenn ihr mögt)

Wiegt alle Zutaten ab und stellt sie bereit. Und schon geht's an den Teig: Gebt das Mehl mit dem Salz, Oregano und Trockenhefe in eine Schüssel und vermischt alles. Dann 200 ml lauwarmes Wasser und Olivenöl zufügen. Kräftig kneten, bis der Teig schön rund ist und nicht mehr an den Händen klebt.

Deckt ihn ab und stellt ihn an einen warmen Ort (im Winter an die Heizung oder im Sommer aufs Fensterbrett). **20 Minuten** aufgehen lassen.

In der Zwischenzeit bereitet ihr die Füllung vor. Also dann: Salami in Würfel schneiden und den Käse mit der Küchenreibe raspeln. Das Tomatenmark mit Schmand, Milch und 1 halben TL Salz in einer Schüssel verrühren. Die Salami und den Käse unterrühren. Die Petersilie waschen, trockentupfen, die Blätter abzupfen und kleinschneiden. Die Petersilie unter die Masse rühren.

AUF DER NÄCHSTEN SEITE GEHT'S WEITER...

Fortsetzung von S. 87

Das Backblech mit Backpapier auslegen. Streut etwas Mehl auf die Arbeitsfläche und gebt den Teig darauf. Kurz zusammenkneten und dann auf etwa 35x45 cm ausrollen. Die Masse auf dem Teig verstreichen und von unten nach oben aufrollen. Die Rolle in 20 Stücke schneiden und auf dem Backblech verteilen. Immer schön mit Abstand, weil die noch aufgehen. Nochmal **30 Minuten** gehen lassen.

Vorher könnt ihr schon mal Mama oder Papa rufen, damit sie den Backofen auf 180 °C Ober-/Unterhitze einschaltet. **10 Minuten** vorheizen. Die Pizzaschnecken im unteren Einschub im Backofen **20 Minuten** backen.

Und dann müsst ihr verflixt schnell sein, damit ihr auch genug abbekommt. Bei meinen Brüdern muss ich da auf jeden Fall immer voll aufpassen …

WARENKUNDE

Fleisch und Fisch

Beides schmeckt lecker und ist gesund. Doch bitte maßvoll genießen, denn das schont die Umwelt. Die Aufzucht von Tieren (vor allem bei Rindfleisch) erzeugt nämlich viel CO^2 und der Ausstoß sollte ja unserer Umwelt zuliebe niedrig gehalten werden.

Die Fischbestände in vielen Regionen der Erde gelten als bedroht. Deshalb auch bei Fisch auf nachhaltige Produkte achten und nur kleine Portionen genießen.

Als Faustregel kannst du dir merken: etwa 1x in der Woche Fleisch, etwa 1-2 Mal in der Woche Fisch.

Blitzschnelle Pizzabrötchen

Das ist die schnellste Pizza der Welt, auch wenn sie nicht so aussieht. Aber die Brötchen schmecken genauso wie Pizza, und das ist ja wohl die Hauptsache!

Ich brauche dafür übrigens nur **30 Minuten**, und zwar ohne Schnippeln. Cool, oder? Und vor allem voll lecker!

Das Rezept ergibt **30 kleine Brötchen.**

IM BACKOFEN!

Das braucht ihr dafür
Küchenwaage, Rührschüssel, rundes Pizzablech (30 cm Durchmesser), Küchenmesser

Zutaten
- 75 ml Olivenöl + 1 EL extra
- 250 g Dinkelmehl Type 630
- 125 g Magerquark
- 2 TL Backpulver
- 1 halber TL Salz
- 75 ml Milch
- 100 g magere Schinkenwürfel
- 100 g geriebener Parmesan
- 2 EL TK-Kräutermischung

Wiegt alle Zutaten ab und stellt sie bereit. Und dann erst mal Mama oder Papa rufen, natürlich mal wieder wegen des Backofens: vorheizen auf 200 °C Ober-/Unterhitze.

Pizzablech bereitstellen und mit 1 EL Olivenöl einölen. Gebt das Mehl mit dem Quark, dem Backpulver, Salz, Öl, Milch, Schinken, Parmesan und Kräutern in eine Schüssel. Alles kräftig kneten, bis die Zutaten gut vermengt sind.

Auf der Arbeitsfläche zu einer langen, etwa 2 cm dicken Rolle formen. Den Teig in 3 cm lange Stücke schneiden. In den Händen rund rollen und gleichmäßig auf dem Pizzablech verteilen.

Auf dem mittleren Einschub **20-25 Minuten** backen.

Ich esse sie am liebsten gleich, obwohl … aua, nein, die chind noch tchu heich … Ich chollte wohl doch noch ein kleinech bichchen warten …

Rührei mit Bacon

Leider übernachten wir nur voll selten im Hotel. Aber wenn, dann freue ich mich immer ganz besonders aufs Frühstück, weil es dort meistens ein Buffet gibt – mit **Rührei und Bacon**! Hmmm, total lecker! Und das schönste ist: Ich kann mir davon nachholen, so viel ich will …

Ich glaub, zum Sonntagsfrühstück zu Hause mache ich auch mal **4–5 ordentliche Portionen**.

Damit bin ich auch schon in **20 Minuten** fertig.

AM HERD!

Das braucht ihr dafür
Küchenwaage, Rührschüssel, Pfanne, Schneidbrett, Küchenmesser, Pfannenwender, Küchenpapier

Zutaten
10 Scheiben Bacon (Frühstücksspeck)
1 halbes Bund Schnittlauch
8 Eier
1 halber TL Salz
75 ml Milch

Wiegt alle Zutaten ab und stellt sie bereit. Ich hoffe, Mama oder Papa ist schon aufgestanden, denn ein bisschen Hilfe brauche ich schon beim Braten.

Also: Die Baconscheiben in die kalte Pfanne auf dem Herd legen. Auf mittlere Stufe einschalten. Den Bacon langsam braten lassen, bis er schön knusprig und goldbraun ist.

Den Schnittlauch waschen, trockentupfen und in feine Röllchen schneiden. Danach die Eier am Schüsselrand aufschlagen und in die Schüssel geben. Fügt das Salz und die Milch dazu und verrührt alles kräftig.

Den fertigen Bacon aus der Pfanne nehmen und auf Küchenpapier abtropfen lassen.

Dann die Eiermasse in die Pfanne mit dem Bacon-Bratfett gießen und mit dem Pfannenwender vorsichtig von links nach rechts schieben. Und wieder zurück. Solange, bis das Ei gestockt ist.

Zum Schluss das Rührei mit dem Schnittlauch bestreuen und mit dem Bacon auf Tellern verteilen.

Hmmm! Das schmeckt wie Frühstück im Hotel!

Tipp: Manchmal macht Mama
auch ein megagutes Joghurt-
dressing.
1 Becher (150 g) Joghurt mit
3 EL Olivenöl, 3 TL Apfelessig,
2 EL Tiefkühlkräutern, 4 EL
Apfelsaft und 3 Prisen Salz in
ein Schraubglas füllen. Kräftig
schütteln und entweder im
Kühlschrank aufbewahren oder
gleich auf dem Salat verteilen.

Salat im Glas

Dieser Salat ist echt klasse. Weil er nämlich im Glas voll schön aussieht. Und außerdem kann man da alles reinschichten, was man gerne mag.

Außerdem ist der in **20 Minuten** fertig, und ich brauch noch nicht mal Mama dazu! Nur Cheyenne darf mir gerne dabei helfen.

Für **4 Gläser**

Das braucht ihr dafür

Küchenwaage,
5 Schraubgläser (saubere Marmeladengläser zum Beispiel), Schneidbrett, Schneidmesser, Küchensieb

Zutaten

1 halber Eisbergsalat
1 halbe Gurke
2 Tomaten
1 kleine Dose Mais
75 g Kochschinken (oder
1 Dose Thunfisch oder
4 Scheiben Käse)
4 Eier
1 halber Bund Schnittlauch
4 EL Olivenöl
3 EL Apfelessig
1 TL mittelscharfer Senf
2 TL Honig
Salz

Messt alle Zutaten ab und legt sie bereit. Und dann fangt ihr mit dem Salat an. Wascht ihn, tupft ihn trocken und zupft ihn in Stücke. Danach die Gurke waschen, längs vierteln und in Stücke schneiden. Die Tomaten waschen, halbieren, den Blütenansatz herausschneiden und die Hälften würfeln. Lasst den Mais in einem Sieb abtropfen. Den Kochschinken würfeln.

Stellt euch vier Gläser bereit. Jetzt geht's los mit dem Einschichten. Den Mais zuerst, dann Gurke, Tomaten, Salat, Schinken und Käse. Den Schnittlauch waschen, trockentupfen und kleinschneiden. Über den Salat streuen. Die Gläser mit den Deckeln verschließen.

Für das Dressing das letzte Glas bereitstellen. Öl, Essig, Senf, Honig und 2–3 Prisen Salz in das Glas füllen. Den Deckel schließen und kräftig schütteln. Jetzt könnt ihr den Salat gleich essen oder zum Picknicken mitnehmen. Dann einfach das Dressing auf die vier Gläser verteilen, wieder verschließen und zum Mischen schütteln. Guten Appetit.

Piroggen

Mit Handtaschen hab ich's ja nicht so. Die sind wohl eher was für Berenike. Aber auch, wenn sich „Piroggen" eher nach komischen Tieren anhören: Diese kleinen Taschen sind nicht nur hübsch, sondern auch lecker.

Das Rezept reicht für etwa **20 Stück**, also genug für Cheyenne und mich. Leider mögen **meine Brüder** die auch voll gerne. Hm, sollte ich vielleicht doch lieber mehr machen? ...

Jedenfalls dauert die Zubereitung ungefähr **30 Minuten**.

AM HERD!

Das braucht ihr dafür
Küchenwaage, Schneidbrett, Messer, Küchenreibe, 2 Rührschüssel, sauberes Küchentuch, Rollholz, Kochtopf mit Deckel, Ausstecher (5 cm Durchmesser oder ein Glas), Gabel, Schaumkelle

Zutaten

Für die Füllung
3 Pellkartoffeln (vom Vortag!!!)
250 g Magerquark
Salz
1 halber TL Paprikapulver edelsüß

Für den Teig:
275 g Weizenmehl Type 405 + mehr zum Bearbeiten
1 EL neutrales Pflanzenöl
150 ml Wasser

Wiegt alle Zutaten ab und stellt sie bereit. Und dann geht's los: Die Kartoffeln pellen und mit der Küchenreibe fein reiben. Den Quark in ein sauberes Küchentuch geben und vorsichtig ausdrücken. Danach in eine Schüssel geben. Den Quark mit Salz, Paprika und Kartoffeln verrühren.

Für den Teig das Mehl mit Öl und Wasser in eine Schüssel geben. Nun kräftig kneten, bis aus dem Teig eine schöne Kugel geworden ist, die nicht mehr klebt. Falls doch, streut einfach noch etwas mehr Mehl darüber. Den Teig nun in zwei Stücke teilen. Eine Hälfte abgedeckt in den Kühlschrank stellen.

Einen breiten Topf mit Wasser befüllen. Mama oder Papa rufen, damit sie den Herd einschalten.

Etwas Mehl auf die Arbeitsfläche streuen und eine Teighälfte darauf dünn (etwa 2 mm) ausrollen. Mit einem runden Ausstecher (5 cm Durchmesser oder ein Glas) Kreise ausstechen.

AUF DER NÄCHSTEN SEITE GEHT'S WEITER...

Fortsetzung von S. 96

Den übrigen Teig, der zwischen den Kreisen übrigbleibt, wieder zusammenkneten und nochmal ausrollen und ausstechen. Solange, bis alles aufgebraucht ist.

Auf jeden Teigkreis einen Teelöffel Quarkfüllung geben. Den Teig zu Halbmonden zusammenklappen und den Rand mit einer Gabel gut andrücken.

2 TL Salz ins kochende Wasser geben. Die Piroggen im kochenden Wasser **2 Minuten** garen. Mit einer Schaumkelle herausheben. Auf einer Platte oder in einer Schüssel anrichten.

Ich mag die Taschen am liebsten mit dem Dip von den Käsestangen (Schaut mal auf Seite 81.)

KÄSE-IGEL

Für 6–8 Personen

1 Zuckermelone waschen, trockentupfen und halbieren. Die Hälften entkernen. Eine Hälfte für den Igelkörper mit der Schnittfläche nach unten auf eine Platte setzen. Die übrige halbe Melone schälen und das Fruchtfleisch in Würfel schneiden.

300 g Käse (etwa Gouda, Emmentaler, Ziegenkäse, ...) in 1–2 cm große Würfel schneiden.

200 g Erdbeeren abbrausen, trockentupfen und putzen.

200 g Weintrauben von den Stielen zupfen, waschen und trockentupfen. Die Käse- und Melonenwürfel, Erdbeeren und Weintrauben auf Zahnstocher stecken.

Die Zahnstocher auf die Melonenhälfte stecken und servieren.

Dänische Hot Dogs

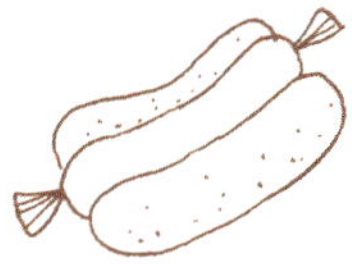

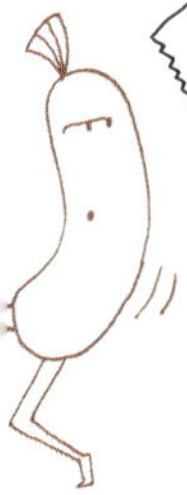

»Rødе Pølser« heißen die roten Hot-Dog-Würstchen in Dänemark. Aber wenn ihr das aussprechen wollt, müsst ihr vorher eine heiße Kartoffel in den Mund stecken. Versucht´s doch mal! Aber nicht zu heiß, sonst verbrennt ihr euch!!!

Das Essen ist übrigens superschnell fertig: **10 Minuten** – und, schwupps, ab in den Mund damit (aber aufpassen: Nicht auf die Klamotten kleckern!). Dazu passt übrigens total gut die dänische Remoulade; das Rezept findet ihr auf Seite 141.

Die Hot Dogs reichen für eine ganze Familie, bei uns also **für uns 5**. Wer mehr als einen Hot Dog mag, macht sich einfach noch einen.

Das braucht ihr dafür
Küchenwaage, kleiner Topf, Schneidbrett, Messer, Löffel, Toaster

Zutaten
- 5 Hot Dog-Würstchen
- 5 Hot Dog-Brötchen
- 4 Gewürzgurken
- Senf und Ketchup
- 2-3 EL Röstzwiebeln

Wiegt alle Zutaten ab und stellt sie bereit. Als erstes sind die Würstchen dran: Einfach in einen Topf legen und so viel Wasser angießen, dass sie gerade so bedeckt sind. Den Herd mit Mama oder Papa zusammen auf mittlere Stufe schalten und die Würstchen etwa **10 Minuten** erwärmen. Kochen darf das Wasser allerdings nicht, sonst platzen sie auf!

Schneidet die Hot-Dog-Brötchen mit einem Messer auf – aber nicht ganz, an einer Seite müsst ihr sie zusammenlassen! Legt sie auf das Aufbackgitter des Toasters. Kurz antoasten.

Die Gewürzgurken in dünne Scheiben schneiden. Die Innenseiten der Hot-Dog-Brötchen mit Senf oder Ketchup bestreichen. Das Würstchen hineinlegen und die Gurken darauf verteilen. Mit Senf und Ketchup beträufeln und Röstzwiebeln darauf streuen.

Cheeseburger

Mama würde niemals mit uns zum Burger-Paradies fahren. Aber wenn meine Brüder rumjammern, dass sie auch mal einen richtigen Cheeseburger essen wollen, dann gibt es trotzdem welche – und zwar selbstgemachte!

Wie zum Beispiel heute. Da bereite ich **4 superleckere Burger** zu.

Das krieg ich in **40 Minuten** hin. Und zwar besser als jeder Fast-Food-Laden!

AM HERD!

Das braucht ihr dafür
Küchenwaage, Pfanne, Rührschüssel, Messer, Schneidbrett, Pfannenwender, Rührlöffel

Zutaten
400 g Hackfleisch
1 Ei
2 EL Semmelbrösel
3 EL Milch
Salz
Pfeffer (nur wenn ihr mögt)
1 halber TL Paprikapulver edelsüß
2 EL Sojasoße
2 EL Olivenöl
4 Scheiben Käse (Scheibletten vielleicht?)
4 Salatblätter
1 Viertel Gurke
1 Tomate
2 Gewürzgurken
4 Burger Buns (Brötchen)
Ketchup und Senf

Wiegt alle Zutaten ab und stellt sie bereit. Als erstes ist die Hackfleischmasse dran: Das Hackfleisch mit dem Ei, den Semmelbröseln, der Milch, 1 TL Salz, 3 Prisen Pfeffer, Paprika und Sojasoße in eine Schüssel geben.
Vermengt alles gründlich mit den Händen. Das Fleisch dann in 4 gleiche Portionen teilen und zu vier schönen Buletten formen.

Jetzt Mama oder Papa rufen, die Pfanne auf den Herd stellen und anschalten. **2 Minuten** bei mittlerer Temperatur vorheizen. Verteilt das Öl in der Pfanne und legt die vier Buletten hinein. Von jeder Seite **3 Minuten** braten. Dann die Pfanne vom Herd nehmen. Den Käse auf den Buletten verteilen und **5 Minuten** ziehen lassen.

In der Zwischenzeit könnt ihr den Belag vorbereiten. Den Salat waschen und trockentupfen. Die Gurke und die Tomate wascht ihr und schneidet sie in Scheiben. Die Gewürzgurken ebenfalls. Jetzt noch die Brötchen aufschneiden und kurz im Toaster aufbacken.

BURGER PARADISE

Beim Zusammensetzen hat ja jeder sein eigenes System. Ich bestreiche die untere Brötchenhälfte mit Ketchup, darauf kommt Fleisch, Salat, Gurke, Tomate und Gewürzgurken. Dann auf die obere Hälfte nochmal Ketchup und ein bisschen Senf und ganz zum Schluss zusammenklappen. Voll lecker! Das finden auch die Jungs.

Schwedische Mini-Frikadellen

Köttbullar

Nicht nur die Hot Dogs waren im Urlaub total lecker. Auch diese kleinen Fleischboller ... äh, Köttbullar schmecken voll nach Skandinavien.

Das Rezept ergibt **4 ordentliche Portionen**.

Und ich muss nur **30 Minuten** in der Küche stehen, bis sie fertig sind.

AM HERD!

Das braucht ihr dafür
Küchenwaage, Rührschüssel, Messer, Küchenbrett, Pfanne, Pfannenwender

Zutaten
1 Zwiebel
1 TL Butter +
2 EL Butter
600 g Rinderhackfleisch
1 Ei
3 EL Semmelbrösel
4 EL Milch
Salz
Pfeffer
1 Msp. Piment, gemahlen
200 ml Fleischbrühe
200 ml Sahne
4 EL Preisebeeren aus dem Glas

Wiegt alle Zutaten ab und stellt sie bereit. Schält dann die Zwiebel und schneidet sie in kleine Würfel.

1 TL Butter in eine Pfanne geben und schmelzen (dabei lasst ihr euch am besten wieder von einem Erwachsenen helfen). Die Zwiebeln darin 1 Minute anschwitzen. Dann zum Abkühlen beiseitestellen.

Das Hackfleisch mit dem Ei, den Semmelbröseln, Milch, 1 TL Salz, 2 Prisen Pfeffer und Piment in eine Schüssel geben. Mit den Händen gründlich vermengen. Die Zwiebelwürfel unter das Hackfleisch mischen. Aus der Masse kleine Klößchen formen.

Die übrige Butter (2 EL) in der Pfanne schmelzen. Legt die Hackbällchen vorsichtig hinein. Dann rundum braun braten. Immer mal wieder wenden, bis sie auf allen Seiten knusprig braun sind. Jetzt die Brühe und die Sahne in die Pfanne gießen. Alles aufkochen und **3 Minuten** köcheln lassen.

Die Köttbullar mit der Soße auf Tellern anrichten und mit Preiselbeeren dekorieren.

Dazu mögen wir am liebsten Brot. Aber auch Kartoffelpüree schmeckt zu den Klößchen total gut!

Frittaten-Suppe

Wenn Mama Suppe macht, dann schmeckt sie mir meistens zu indisch. Und zwar wegen der ganzen komischen Gewürze, mit denen sie so gerne kocht. Aber zum Glück gibt es ja auch Brühe mit ... Pfannkuchenstreifen! Hatte ich eigentlich schon erwähnt, dass ich Pfannkuchen einfach liebe?

Das Rezept reicht für **4 Teller** voll richtig guter Suppe.

Ich habe **30 Minuten** in der Küche gestanden.

AM HERD!

Das braucht ihr dafür
Küchenwaage, Rührschüssel, Schneebesen, Schneidbrett, Topf, Bratpfanne, Suppenkelle, Pfannenwender, Messer

Zutaten
150 g Weizenmehl
Type 405
300 ml Milch
2 Eier
Salz
Muskatnuss
5 Stängel glatte Petersilie
Butter zum Braten
1 l kräftige Fleischbrühe

Wiegt alle Zutaten ab und stellt sie bereit. Und dann kommt erst mal das Wichtigste: die Frittaten. Das sind nämlich die Pfannkuchen! Dafür das Mehl mit der Milch, den Eiern, 2 Prisen Salz und Muskat in eine Schüssel geben. **Rührt kräftig**, bis keine Klümpchen mehr zu sehen sind.

Die Petersilie waschen, trockentupfen, die Blätter abzupfen, fein hacken und in den Teig rühren.

Stellt eine Pfanne auf den Herd und ruft einen Erwachsenen zum Einschalten. Anschließend die Pfanne **1 Minute** bei mittlerer Temperatur vorheizen. Dann 1 TL Butter rein, schmelzen lassen.
1 Kelle Teig in die Pfanne geben und so schwenken, dass sich der Teig gleichmäßig verteilen kann.
Von jeder Seite **1 Minute** braten. Auf einem Teller stapeln und weitermachen, bis kein Teig mehr übrig ist.

Jetzt die Fleischbrühe in einem Topf aufkochen. Die Pfannkuchen aufrollen und in dünne Röllchen schneiden. Die Frittaten in den Suppenschalen verteilen und mit der Kelle vorsichtig die heiße Suppe darübergeben. Lecker!
Und kein bisschen indisch.

Tomatensuppe mit geröstetem Brot

Tomaten mag ich sowieso ziemlich gerne, aber als Suppe schmecken sie mir noch viel, viel besser. Und **meinen Brüdern** geht das genauso – bei Tomatensuppe werden sie voll zu Suppenkaspern!

Das Rezept ergibt **4 leckere Portionen**. Es sei denn, ihr macht gleich die doppelte Menge – dann könnt ihr nämlich auch am nächsten Tag noch davon essen!

Und das Ganze dauert nur **30 Minuten**.

AM HERD!

Das braucht ihr dafür

Küchenwaage, Topf, Schneidbrett, Messer, Pfanne, Rührlöffel, Pürierstab

Zutaten

1 Zwiebel
1 Knoblauchzehe
2 EL Olivenöl
3 EL Tomatenmark
1 TL Zucker
2 Dosen gehackte Tomaten
300 ml Gemüsebrühe (oder Fleischbrühe. Oder Hühnerbrühe. Was euch am besten schmeckt.)
Salz
Pfeffer
4 Scheiben Vollkorn-Toastbrot
3 EL Olivenöl
3 Stängel Basilikum

Wiegt alle Zutaten ab und stellt sie bereit. Und dann wird erst mal wieder geschnippelt. Schält die Zwiebeln und den Knoblauch und würfelt beides.

Zum Einschalten des Herds Mama oder Papa rufen. Den Topf auf den Herd stellen und **2 Minuten** bei mittlerer Temperatur erhitzen. Gebt das Öl hinein und schwitzt Zwiebeln und Knoblauch darin an. Tomatenmark und Zucker zugeben und anrösten, bis sich braune Röststoffe am Topfboden bilden. Die gehackten Tomaten, Brühe und 1 TL Salz zugeben. Die Suppe aufkochen und abgedeckt **15 Minuten** auf mittlerer Stufe köcheln lassen.

Zieht den Topf vom Herd und wartet **1-2 Minuten**, bis die Suppe nicht mehr kocht. Zum Pürieren am besten von einem Erwachsenen helfen lassen – das kann nämlich ganz schön spritzen. Alles fein pürieren und zuletzt mit Salz, Zucker und Pfeffer würzig abschmecken.

AUF DER NÄCHSTEN SEITE GEHT'S WEITER...

Fortsetzung von S. 108

Für die Croutons den Toast in Würfel schneiden. Eine Pfanne auf dem Herd **2 Minuten** erhitzen. Das Öl hineingeben und die Brotwürfel dazu. Nun alles **3-4 Minuten** in der Pfanne anrösten. Ab und zu umrühren, damit sie gleichmäßig bräunen.

Die Suppe mit den Croutons in Tassen oder Tellern anrichten. Basilikumblättchen darüber streuen. Und essen!

SCHÜTTELPIZZA

Für 1 Backblech

Den Backofen auf 200 °C Ober-/Unterhitze vorheizen. 1 rote oder gelbe Paprika waschen, halbieren, entkernen und würfeln. 1 kleine Dose Mais in einem Sieb abgießen. 100 g Kochschinken würfeln. 200 g Crème fraîche mit 3 Eiern, 1 halben TL getrocknetem Oregano, 1 halben TL Salz, 75 g Weizenvollkornmehl (oder Dinkelvollkornmehl), dem Schinken und 200 g geraspeltem Gouda in eine fest verschließbare Vorratsdose geben. Kräftig schütteln. Ein Backblech mit Backpapier auslegen. Die Masse darauf verteilen und glattstreichen. Im vorgeheizten Backofen auf dem 2. Einschub von unten **25–30 Minuten** backen. In Stücke schneiden und heiß servieren.

TIPP

Paprika, Schinken und Mais könnt ihr auch durch eure Lieblingspizzazutaten ersetzen.

Möhrencurry mit Kichererbsen

Also, Mamas Ajudingsbums-Gekoche finde ich ja meistens nicht so lecker. Aber dieses Curry müsst ihr unbedingt mal probieren, das ist nämlich voll der Hammer! Großes Blockflöten-Ehrenwort!

Das Rezept reicht für **6 schöne Portionen**, deshalb kann Cheyenne auch mal wieder mitessen.

Ich habe dafür **30 Minuten** gebraucht.

AM HERD!

Das braucht ihr dafür
Küchenwaage, Schneidbrett, Messer, Kochtopf, Sieb, Rührlöffel

Zutaten
2 Zwiebeln
1 Knoblauchzehe
500 g Möhren
2 Süßkartoffeln
1 Zucchini
250 g Champignons
1 Dose Kichererbsen (Abtropfgewicht 260 g)
3 EL Olivenöl
2 TL Kurkumapulver
1 TL Kreuzkümmelpulver
1 TL Korianderpulver
1 TL Paprikapulver edelsüß
1 Dose Kokosmilch
Salz
Pfeffer
Zucker
1 Limette
6 Stängel Koriander

Wiegt alle Zutaten ab und stellt sie bereit. Und dann müsst ihr erst mal ordentlich schnippeln. Schält die Zwiebeln und den Knoblauch und würfelt beides. Die Möhren, Süßkartoffeln und Zucchini waschen. Die Möhren und Süßkartoffeln schälen und würfeln. Die Zucchini an den Enden abschneiden, längs vierteln und in Stücke schneiden. Die Champignons trocken abreiben, putzen und vierteln. Die Kichererbsen in einem Sieb abgießen und abtropfen lassen.

Danach müsst ihr an den Herd, also Mama oder Papa holen. Einen großen Topf auf den Herd stellen und **1 Minute** erhitzen. Gebt das Öl hinein und schwitzt Zwiebeln, Knoblauch, Kurkuma, Kreuzkümmel, Koriander und Paprika darin an. Dann Möhren und Süßkartoffeln zugeben. Weitere **3 Minuten** anschwitzen. Jetzt kommen Zucchini und Champignons dazu. Anschließend dann die Kokosmilch. Nun 1 TL Salz, etwas Pfeffer und 150 ml Wasser zugeben. Deckel drauf und zum Kochen bringen. Und auf kleiner Stufe **15 Minuten** köcheln lassen.

AUF DER NÄCHSTEN SEITE GEHT'S WEITER...

Fortsetzung von S. 113

Zuletzt gebt ihr die Kichererbsen dazu. Die Flüssigkeit probieren und mit Salz, Pfeffer, Zucker und Limettensaft würzig abschmecken. Das Curry wird bei uns mit Koriander bestreut in schönen Suppenschalen angerichtet. Ihr könnt aber auch Schnittlauch verwenden, der ist milder.

P.S. Die Gewürze sind ganz schön ungewohnt, wenn man sie noch nie probiert hat. Daher würzt ruhig erst mal ein bisschen vorsichtiger. Ihr könnt das fertige Curry auch noch ganz zum Schluss mit euren Lieblingsgewürzen abschmecken.

BAGELSCHLANGE

Für 6 Personen

4 Bagels aufschneiden und die Kreise halbieren, sodass Halbkreise entstehen. Die Hälfte der Bagelstücke mit Frischkäse (150 g), die andere Hälfte mit Tomatenmark (75 g) bestreichen. 6 Salatblätter waschen, trockentupfen und kleinzupfen. 1 viertel Salatgurke waschen, ein 5 cm langes Stück vom Anfang abschneiden und die übrige Gurke in Scheiben schneiden. 3 Scheiben Kochschinken in Streifen schneiden. 3 Scheiben Käse aufrollen und in Streifen schneiden.

Die Bagelhälften so aneinanderlegen, dass eine Schlange entsteht, die sich windet. Salatblätter, Schinken und Käse darauf verteilen. Mit 2 EL Mais bestreuen und mit Schnittlauchhalmen verzieren. Das übrige Gurkenstück als „Kopf" an ein Ende legen und mit einem spitzen Messer „Augen" und „Maul" ausschneiden.

Hühnerfrikassee in Blätterteigpasteten

Diese Pasteten gehören für mich zu Silvester wie Bleigießen und Feuerwerk! Allerdings gibt es die bei uns immer nur als Vorspeise. Dabei könnte ich mich daran sattessen, echt! Und deshalb wollte ich das Frikassee auch mal selbst machen.

Ich habe dafür **45 Minuten** in der Küche gestanden. Plus **2 Stunden** zum Kochen der Hühnerbeine.

Und zum Schluss hatte ich dann **8 feine, kleine Pastetchen** mit lecker Füllung. Hmmm!

AM HERD!

Das braucht ihr dafür

Küchenwaage, 2 große Töpfe, kleiner Topf, Schneebesen, Schneidbrett, Messer

Zutaten

- 3 Hähnchenschenkel
- 1 Zwiebel mit Schale
- 2 Möhren
- 1 Lorbeerblatt
- Salz
- 1 Zwiebel
- 35 g Butter
- 25 g Weizenmehl Type 405
- 100 ml Sahne
- Pfeffer
- Worcester-Sauce
- 1 halbe Zitrone
- 150 g Tiefkühlerbsen
- 8 Königinpasteten
- 100 g geriebener Käse

Wiegt alle Zutaten ab und stellt sie bereit. Jetzt geht's an den Herd, deshalb Mama oder Papa dazu holen. Oder Papa. Jedenfalls einen Kochprofi.

Die Hähnchenschenkel in einen Topf legen. Die Zwiebel mit der Schale halbieren. Danach wascht ihr die Möhren gründlich und schneidet sie in grobe Stücke. Gebt die Zwiebel, Lorbeer, Möhren und 2 TL Salz zum Hähnchen und gießt 2 l Wasser an. Jetzt langsam (auf der mittleren Stufe) zum Kochen bringen. Die Hähnchenkeulen lasst ihr **2 Stunden** köcheln.

Anschließend hebt ihr sie mit der Schaumkelle heraus. Ich lass die Keulen so lange abkühlen, bis ich mir daran nicht mehr die Finger verbrenne. Anschließend die Haut abziehen und das Fleisch von den Knochen zupfen. Die Knochen kommen natürlich weg. Die Haut auch.

Alle großen Fleischstücke kleinzupfen.

AUF DER NÄCHSTEN SEITE GEHT'S WEITER...

Fortsetzung von S. 116

Danach 400 ml der Brühe durch ein Sieb in einen zweiten Topf gießen. Die Zwiebel schälen und würfeln. Gebt die Butter in einen kleinen Topf und schwitzt die Zwiebeln darin an. Dann das Mehl dazugeben und rühren. **1 Minute** anschwitzen. Die Brühe langsam, Kelle für Kelle angießen und dabei immer rühren. Und zwar so lange, bis alle Klümpchen verschwunden sind.

Schließlich gießt ihr noch die Sahne an und lasst die Soße **10 Minuten** kochen. Zwischendurch immer wieder umrühren. Die Soße mit Salz, Pfeffer, Muskatnuss, Worcester-Sauce und Zitronensaft würzen. Die Erbsen und das Fleisch zur Soße geben. Nochmal **2 Minuten** kochen lassen.

Kurz vor dem Essen heizt ihr den Backofen auf 200 °C Ober-/Unterhitze vor. Die Pastetchen auf ein Backblech setzen. Den Deckel abnehmen.

Füllt die Soße mit dem Fleisch in die Pastetchen. Käse darüber streuen, in den Backofen (oberer Einschub) schieben und **10 Minuten** überbacken.

Danach mit Mamas oder Papas Hilfe auf kleine Teller setzen und die Deckel aufsetzen. Ich würz das immer noch mit ein paar Spritzern Worcester-Sauce.

Und dann ... lecker, lecker, lecker!

Spaghetti mit  Sosse

Geht total schnell und schmeckt einfach immer! Mein absolutes Lieblingsessen. Also, natürlich neben Pfannkuchen, Knäckebrot mit Erdnussbutter und Chipsletten, Pizza ...

Das ergibt **4–5 Portionen**, reicht also für unsere ganze Familie.

Ich stehe dafür **30 Minuten** in der Küche.

AM HERD!

Das braucht ihr dafür

Küchenwaage,
2 Töpfe, Schneidbrett,
Küchenmesser, Nudelsieb,
Schöpfkelle, Reibe,
Rührlöffel

Zutaten

500 g Spaghetti
1 Zwiebel
1 Knoblauchzehe
2 EL Olivenöl
2 EL Tomatenmark
1 Dose gehackte Tomaten
150 ml Gemüsebrühe
1 TL Zucker
Salz
1 TL getrockneter Oregano
Parmesan zum Reiben

Wiegt alle Zutaten ab und stellt sie bereit. Und dann fangt ihr mit den Spaghetti an. Dazu solltet ihr mal wieder einen eurer Eltern rufen und einen großen Topf mit Wasser auf den Herd stellen. Deckel drauf und zum Kochen bringen.

Schält inzwischen die Zwiebel und den Knoblauch, beides würfeln. Erhitzt einen Topf auf dem Herd. Olivenöl rein, Zwiebeln und Knoblauch anschwitzen. Das Tomatenmark zugeben und **1 Minute** anschwitzen. Dann die gehackten Tomaten, Brühe, Zucker, 1 TL Salz und Oregano dazugeben. Deckel drauf und aufkochen.

Wenn das Wasser für die Spaghetti kocht, 2–3 TL Salz reingeben und die Spaghetti versenken. Immer mal wieder umrühren, dann kleben sie auch nicht aneinander. Wecker für die Kochzeit einstellen. Die Tomatensoße auf der mittleren Stufe **5 Minuten** köcheln lassen. Die Soße mit Salz, Pfeffer und Zucker würzig abschmecken. Die Spaghetti (mit Hilfe) in ein Sieb abgießen und mit der Tomatensoße anrichten. Parmesan darüber hobeln und guten Appetit.

Leider mag Papa es nicht, wenn meine Brüder und ich die Spaghetti um die Wette in den Mund saugen. Weil dann die Soße über den ganzen Tisch spritzt ...

Fischstäbchen mit Pommeswürfeln

Tiefkühlkram gibt's bei uns fast nie. Ihr wisst schon ... wegen Mama natürlich. Aber zum Glück kann man ja auch alles selber machen. Und meistens schmeckt das sogar noch viel besser!

Das gibt **4 gute Portionen.**

Ich hab dazu fast **1 Stunde** in der Küche verbracht. Hat sich aber voll gelohnt.

IM BACKOFEN!

Das braucht ihr dafür

Küchenwaage, Küchenpapier, Schneidbrett, Küchenmesser, 3 tiefe Teller, Gabel, Schüssel, Gemüseschäler, Sieb, Küchentuch, große Pfanne, Schaumkelle, Pfannenwender

Zutaten

500 g Seelachsfilet, ohne Haut und Gräten (Gräten sind ja auch voll eklig.)
5 EL Mehl
8 EL Semmelbrösel
2 Eier
3 EL Milch
Salz
750 g festkochende Kartoffeln
200 ml Olivenöl
Ketchup, wer mag

Wiegt alle Zutaten ab und stellt sie bereit. Jetzt geht's ans Vorbereiten: Erst mal den Fisch mit einem Küchenpapier trockentupfen. Mit dem Küchenmesser in etwa 2x5 cm große Streifen schneiden.

3 tiefe Teller bereitstellen. Das Mehl und die Semmelbrösel in jeweils einen Teller geben. Die Eier und die Milch gebt ihr in den dritten Teller. Verquirlt beides mit einer Gabel. Die Fischstücke salzen. Danach zuerst in Mehl wenden, dann durch das Ei ziehen und zuletzt in den Semmelbröseln wenden. Auf einem Teller beiseitestellen.

Alles klar. Nun wascht ihr die Kartoffeln, schält sie und schneidet sie in kleine (1–2 cm) Würfel. Die Kartoffelwürfel für **5 Minuten** in eine Schüssel mit kaltem Wasser legen. Dann in einem Sieb abgießen und auf einem Küchenhandtuch richtig gründlich trockentupfen.

AUF DER NÄCHSTEN SEITE GEHT'S WEITER...

Fortsetzung von S. 123

Jetzt braucht ihr eine große, tiefe Pfanne (und Mama oder Papa). Heizt sie **1 Minute** bei mittlerer Temperatur auf dem Herd vor (nein, nicht Mama. Die Pfanne natürlich!). Dann das Olivenöl hineingeben. Die Kartoffelwürfel vorsichtig ins Öl legen und darin braun braten. Ab und zu mit dem Pfannenwender umrühren und wenden. Sobald die Würfel knusprig und braun sind, schöpft ihr sie mit einer Schaumkelle aus dem Öl. Auf dem Küchenpapier abtropfen lassen. Die Kartoffelwürfel auf einer ofenfesten Platte verteilen.

Die Platte mit den Kartoffelwürfeln im Backofen (65 °C Ober-/Unterhitze) warm stellen. Nun den Fisch braten. Dafür die panierten Fischstreifen ins heiße Öl legen. Bratet sie von jeder Seite **1-2 Minuten**, bis sie ebenso schön knusprig und braun gebraten sind. Die Fischstäbchen auf dem Küchenpapier abtropfen lassen. Beides auf Tellern verteilen und mit Ketchup servieren.

Dazu schmeckt übrigens auch die Remoulade von Seite 141 prima

Voll lecker!

GURKENMÄNNCHEN, für 5 Stück

1 dünne, lange Salatgurke waschen, schälen und in 5 gleichlange Stücke schneiden. Die Gurkenstücke an einem Ende mit einem Teelöffel 2 cm tief aushöhlen. Die Gurken an dieser Stelle mit Kräuterfrischkäse (insg. 2–3 EL) füllen. 5 Radieschen putzen, waschen und halbieren. 3 schwarze entsteinte Oliven in Scheiben schneiden. Die Gurkenstücke mit der Frischkäsefüllung nach oben auf eine Platte stellen. Die halbierten Radieschen unten als Füße vor die Gurke stellen. Die Gartenkresse (1/2 Beet) mit der Schere abschneiden und als Haare auf den Frischkäse setzen. 10 Mandelstifte bereitlegen und die Olivenringe als Augen damit anbringen. Falls nötig, die Löcher für die Mandelstifte mit einem Zahnstocher vorstechen. Den Mund des Gurkenmännchens mit einem spitzen Messer in die Gurke schneiden.

TOMATENKÄFER, für 10 Stück

10 Brotchips auf eine Platte setzen und mit Frischkäse (2 EL) bestreichen. 5 ovale Kirschtomaten waschen, längs halbieren und an einem spitzen Ende gerade abschneiden. Die Hälften als „Körper" auf die Brotchips setzen. Die Oliven halbieren, ebenfalls an einem Ende begradigen und als „Kopf" an dieser Stelle an die Tomate setzen. Mit Balsamico Creme die „Punkte" auf die Tomatenhälfte zeichnen und servieren.

Lasagne

Nach Spaghetti mit Tomatensoße so ziemlich das leckerste Nudelgericht, das ich kenne. **meine Brüder** finden sogar, dass es nichts Besseres gibt ... vor allem, wenn da so richtig viel Käse obendrauf ist. So eine Lasagne dauert zwar ein bisschen, lohnt sich aber immer!

Das Rezept ergibt **8 ordentliche Portionen**.

Ich war **45 Minuten** in der Küche beschäftigt. Und der Backofen anschließend auch noch mal 45 Minuten.

IM BACKOFEN!

Das braucht ihr dafür
Küchenwaage, Schneidbrett, Küchenmesser, 1 Kochtopf, Auflaufform (etwa 20x30 cm), Kochlöffel, grobe Küchenreibe

Zutaten
- 3 Möhren
- 1 Viertel Sellerie
- 1 Zwiebel
- 1 Knoblauchzehe
- 2 EL Olivenöl + 2 EL extra für die Form
- 600 g Hackfleisch
- 4 EL Tomatenmark
- 600 ml passierte Tomaten
- 2 TL getrockneter Oregano
- Salz
- 1 TL Zucker
- Pfeffer
- 200 g Crème fraîche
- 12 Lasagneplatten (1 Packung, 250 g)
- 150 g Gouda oder Parmesan

Wiegt alle Zutaten ab und stellt sie bereit. Dann wird erst mal geschnippelt ... am besten, ihr lasst euch von euren Brüdern dabei helfen. Wascht die Möhren und den Sellerie, schält beides und schneidet alles in kleine Würfel. Die Zwiebel und den Knoblauch schälen, halbieren und würfeln.

Jetzt einem Erwachsenen Bescheid sagen, denn es geht ans Kochen: Einen breiten Topf auf den Herd stellen und 2 Minuten erhitzen. Das Olivenöl im Topf verteilen. Dann gebt ihr das Hackfleisch rein und zerteilt es mit dem Kochlöffel. Bratet das Hackfleisch solange, bis es schön krümelig ist. Gebt nun Gemüse, Zwiebeln und Knoblauch dazu. **2-3 Minuten** zusammen anbraten.

Verrührt das Tomatenmark mit 200 ml Wasser. Gebt die Tomatenmark-Mischung, die passierten Tomaten, Oregano, 2 TL Salz, Zucker und 2 Prisen Pfeffer zum Hackfleisch. Lasst die Hackfleischsoße aufkochen, während ihr die ganze Zeit rührt, und dann lasst sie **15 Minuten** auf mittlerer Stufe kochen.

AUF DER NÄCHSTEN SEITE GEHT'S WEITER...

Fortsetzung von S. 126

Jetzt die Auflaufform mit 2 EL Olivenöl einfetten. Den Backofen auf 200 °C Ober-/Unterhitze vorheizen. Den Gouda auf der groben Seite der Küchenreibe raspeln. Gebt die Crème fraîche zur Hackfleischsoße und verrührt alles. Nun dürft ihr sie probieren und mit Salz, Zucker und Pfeffer würzig abschmecken.

Eine Kelle Hackfleischsoße in der Auflaufform verteilen. Dann mit einer Lage Lasagneplatten abdecken. Dann wieder Hackfleischsoße ... wieder Lasagneplatten ... So lange weitermachen, bis die ganze Hackfleischsoße und die Lasagneplatten aufgebraucht sind. Mit ganz viel Käse bestreuen.

Auf dem untersten Einschub in den Ofen schieben. **45 Minuten** backen.

Anschließend mit Ofenhandschuhen vorsichtig aus dem Ofen nehmen. Dabei besser von einem Erwachsenen helfen lassen! In Stücke schneiden und ... heiß! Aber sowas von lecker!

P.S. Die Auflaufform kann auch etwas größer oder kleiner sein. Dann schichtet ihr das Ganze eben passend zur Form ein. Schließlich lassen sich die Lasagneplatten gut zerbrechen.

One-Pot-Hühnchen mit Pilzen und Nudeln

Wie cool, alles in einem Topf, umrühren und fertig! Meine Oma sagt dazu Eintopf. Wir sagen aber lieber „One Pot". Außer Papa, der sagt auch **Eintopf.** Ist aber auch egal, wie man es nennt – Hauptsache, es schmeckt so richtig gut!

Das gibt **4 oder 5 oberleckere Portionen.**

Ich habe **40 Minuten** in der Küche geschnippelt, gekocht und serviert.

AM HERD!

Das braucht ihr dafür

Küchenwaage, großer Topf, Schneidbrett, Messer, Rührlöffel, Küchenreibe

Zutaten

1 Zwiebel
1 Knoblauchzehe
400 g Champignons
2 Hähnchenbrüste
5 Stängel Thymian
3 EL Olivenöl
500 g Nudeln (z.B. Spaghetti oder Penne)
600 ml Hühnerbrühe
3 EL Tomatenmark
Salz
Pfeffer
200 g Sahne
Parmesan zum Reiben
Basilikum zum Bestreuen

Nee, Jungs, Finger weg! Vergesst es – den One Pot haben Cheyenne und ich nur für die Wilden Kaninchen gemacht.

Wiegt alle Zutaten ab und stellt sie bereit. Ich hoffe, ihr habt auch eine Cheyenne, die euch jetzt beim Schnippeln hilft. Schält die Zwiebel und den Knoblauch und würfelt beides. Die Champignons mit einem Küchentuch abreiben und vierteln. Die Hähnchenbrust trockentupfen und in Würfel schneiden. Den Thymian waschen, trockentupfen und die Blättchen abzupfen.

Jetzt geht's an den Herd, deshalb Mama oder Papa rufen. Den Topf auf dem Herd **2 Minuten** bei mittlerer Temperatur erhitzen. Gebt das Olivenöl hinein und bratet Zwiebeln, Knoblauch, Champignons und Fleisch darin an. Dann kommen die Nudeln, die Brühe, Tomatenmark, Sahne, Thymian und 1 TL Salz zum Fleisch. Deckel drauf und zum Kochen bringen. Sobald der One Pot kocht, auf mittlere Stufe zurückschalten und ab und zu umrühren. Alles offen **10 Minuten** köcheln lassen.

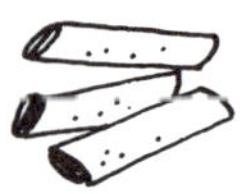

Die Nudeln probieren … Wenn sie weich sind, den Topf vom Herd nehmen. Mit Salz und Pfeffer würzen. Mit Parmesan und Basilikum bestreut servieren.

Superleckere Hähnchenkeulen aus dem Ofen

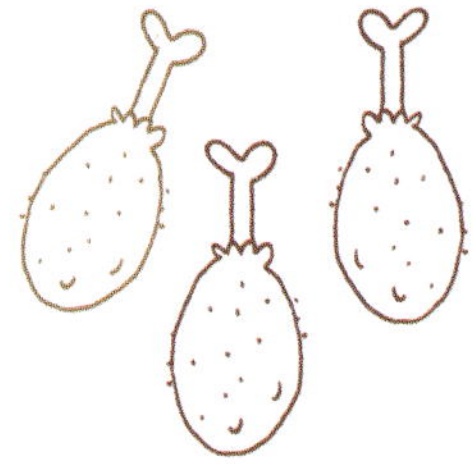

Die mögen **meine Blödbrüder** besonders gerne, und zwar weil man die mit den Fingern isst. Jakob und Simon würden nämlich sogar Spaghetti ohne Besteck essen, wenn Mama und Papa es erlauben würden …

Das werden **4–6 voll leckere Portionen**. Wenn dann auch noch die Wilden Kaninchen zu Besuch kommen, nehmt ihr einfach von allen Zutaten mehr.

Ich habe das in **20 Minuten** geschafft, dazu kommt dann noch das Braten im Ofen.

IM BACK-OFEN!

Das braucht ihr dafür
Küchenwaage, kleiner Topf, Auflaufform (oder tiefes Backofenblech)

Zutaten
20 Hähnchenunterkeulen (3–4 Stück pro Person)
30 g Butter
3 EL Olivenöl
1,5 TL Salz
2 TL Paprikapulver edelsüß
3 EL Sojasoße
1 Baguette in Scheiben

Wiegt alle Zutaten ab und stellt sie bereit. Und dann geht's auch schon an die Keulen. Einen Erwachsenen holen, Backofen einschalten. 180 °C Ober-/Unterhitze.

Die Butter in einem kleinen Topf schmelzen. Gebt das Öl, Salz, Paprikapulver und die Sojasoße dazu. Alles gut vermischen. Die Hähnchenkeulen auf dem Backblech verteilen. Die Gewürzbutter über das Fleisch träufeln. Mit den Händen gründlich einreiben und gut verteilen.

Das Backblech im Backofen auf den mittleren Einschub schieben. **45 Minuten** backen. Anschließend das Blech mit Backofenhandschuhen herausholen und servieren. Und zwar mit Baguette.

Und dann: Aufpassen, dass eure Brüder euch nicht alles wegessen!

Dies und Das

Gefärbte Eier für Ostern

Wusstet ihr, dass man Eier mit Kräutern und Gewürzen färben kann? Also, ich auch nicht, aber das geht voll einfach. Deshalb muss ich das sofort zusammen mit Cheyenne ausprobieren.

Für so viele Eier, wir ihr mögt.

Das dauert **keine halbe Stunde**.

AM HERD!

Das braucht ihr dafür
Küchenwaage, 3 kleine Töpfe, Pürierstab, Schaumkelle

Zutaten
3 TL Kurkuma
200 ml Rote-Bete-Saft (oder 1 frische rote Bete)
100 g Spinat (frisch oder tiefgekühlt)
weiße Eier zum Färben, so viele ihr wollt (braune Eier gehen auch, nur sieht man die Farbe nicht so deutlich)

Messt alle Zutaten ab und stellt sie bereit. Schon geht`s los, und es wird auch gekocht, also Mama oder Papa Bescheid sagen.

In den ersten Topf 300 ml Wasser und Kurkuma geben.

In den zweiten Topf den Rote-Bete-Saft und 100 ml Wasser geben.

In den dritten Topf Spinat mit 300 ml Wasser geben und fein pürieren.

In jeden Topf so viele Eier legen, wie ihr färben wollt.

Auf dem Herd aufkochen und **5 Minuten** weich, **6 Minuten** wachsweich oder **8 Minuten** hart kochen. Anschließend abgießen und kalt abschrecken. Die Eier zum Frühstück servieren.

Frohe Ostern!

Grüner Smoothie

Also, der sieht ja aus wie püriertes Gras … oder Unkraut … dabei schmeckt er aber voll gut! Echt, das hätte ich gar nicht gedacht.

Das werden genau **2 Gläser**. Und Papa sieht immer zu, dass er eins davon abkriegt …

Nach **5 Minuten** fertig.

Das braucht ihr dafür
Mixer, Küchenmesser, Schneidbrett

Zutaten
1 halbe Birne
1 viertel Gurke
1 kleine Banane
1 halbe Zitrone
1 Handvoll Spinat
3 Stängel Minze

Stellt alle Zutaten bereit. Und dann geht's los: Die Birne waschen und entkernen. Die Gurke waschen und in Stücke schneiden. Den Spinat und die Minze wascht ihr und lasst sie kurz abtropfen.

Jetzt kommt alles in den Mixer. 150 ml kaltes Wasser drauf und Deckel zu. Auf höchster Stufe ungefähr **30 Sekunden** pürieren. Dann in 2 Gläser füllen und trinken.

Also, ich staune ja immer wieder, dass gesund so lecker sein kann!

Dänische Remoulade

Die gibt es auch in Plastikflaschen, aber ihr wisst ja: Mama macht immer alles lieber selbst. *Weil es gesünder ist und man auch nicht so viel Müll produziert*, sagt sie. Und das finde ich voll gut! Immerhin bin ich ja auch für Tierschutz und Umweltschutz und so. Außerdem schmeckt die Remoulade einfach total lecker!

Ich habe dafür **15 Minuten** gebraucht.

Sie reicht für **4 Leute**.

Das braucht ihr dafür
Pürierstab, hoher Mixbecher, Küchenwaage, Küchenmesser, Schneidbrett, Sieb, kleine Schüssel

Zutaten
50 ml Milch
2 TL Senf
150 ml neutrales Pflanzenöl
1 kleines Glas Mixed Pickles (nein, das sind keine gemischten Pickel)
3 EL Sauerrahm
1 TL mildes Currypulver (könnt ihr auch durch Kurkuma und Paprika ersetzen)
1 TL gelbe Konfitüre (zum Beispiel Aprikose oder sowas)
Salz
Pfeffer
Zucker
1 halbe Zitrone

Die Milch mit dem Senf in einen hohen Mixbecher füllen. Holt euch am besten jemanden dazu, der den Becher halten kann. Dann losmixen und dabei das Öl in einem ganz dünnen Strahl zur Milch gießen. Solange mixen, bis eine dick-cremige Mayo entstanden ist.

Die Mixed Pickles in einem Sieb abtropfen und den Sud in einer kleinen Schüssel auffangen. Das saure Gemüse mit dem Küchenmesser kleinschneiden.

Die „Mayo" mit dem gehackten Gemüse, Sauerrahm, Curry, Fruchtaufstrich, 1 halben TL Salz und 2–3 Prisen Pfeffer und Zucker würzen und abschmecken.

Und dann hoffen, dass es Hot Dogs gibt, oder Fisch oder so ... Dazu braucht man nämlich die beste Remoulade von allen!

Kokowääh

KOK OHNE WÄÄH

Das ist was Französisches, deshalb wird es Kokowääh ausgesprochen … Jedenfalls behauptet Rémi das, und der muss es ja wissen. Allerdings kochen wir das Essen immer ohne Wäh, weil das nämlich Wein ist. Aber Coq ist sowieso viel wichtiger … das Hähnchen!

Über **1 Stunde** hab ich in der Küche gestanden, aber es lohnt sich. **ECHT!**

AM HERD!

Das braucht ihr dafür
Küchenwaage, Küchenpapier, Gemüseschäler, Schneidbrett, Messer, Bräter, Fleischgabel

Zutaten
6 Möhren
300 g Champignons
5 Stängel Thymian
3 Zweige Rosmarin
1 Zwiebel
1 Knoblauchzehe
500 g kleine festkochende Kartoffeln (Bio! Die heißen Drillinge, obwohl es viel mehr sind)
4 Hähnchenkeulen (in Ober- und Unterschenkel geteilt; da könnt ihr beim Fleischer fragen, oder Mama und Papa können das übernehmen)
Salz
Pfeffer
2 EL Weizenmehl
3 EL Olivenöl
350 ml Hühnerbrühe
150 ml Apfel- oder Traubensaft
1 Lorbeerblatt

Wiegt alle Zutaten ab und stellt sie bereit. Die Möhren waschen, schälen und in 1 cm breite Stücke schneiden. Die Champignons mit einem Küchentuch trocken abreiben und vierteln. Den Thymian und den Rosmarin waschen und trockentupfen. Schält die Zwiebel und den Knoblauch und würfelt beides. Wascht die Kartoffeln gründlich mit Schale.

Die Hähnchenkeulen mit einem Küchenpapier trockentupfen. Mit Salz und Pfeffer würzen und das Mehl darüber streuen.

Jetzt geht's an den Herd. **Wer kommt und hilft mir, bitte?** Zuerst den Backofen auf 180 °C Ober-/Unterhitze vorheizen. Einen großen Bräter auf den Herd stellen. **2 Minuten** vorheizen. Das Öl hineingeben. Die Hähnchenstücke vorsichtig in das heiße Öl legen und braun braten. Mit einer Fleischgabel wenden. Solange braten, bis das Fleisch rundum schön braun ist.

AUF DER NÄCHSTEN SEITE GEHT'S WEITER…

ZWILLING
ZWILLING

Fortsetzung von S. 142

Dann Zwiebel, Knoblauch, Möhren und Champignons zugeben und **2 Minuten** weiter braten. Alles gut umwenden. Kartoffeln zwischen das Fleisch legen, mit Hühnerbrühe und Apfelsaft aufgießen. Die Kräuter in die Soße legen und alles mit Salz und Pfeffer würzen. Die Soße aufkochen lassen.

Den Bräter mit Ofenhandschuhen in den Ofen schieben. Ungefähr **1 Stunde und 20 Minuten** schmoren lassen. Wenn das Fleisch schön weich ist, lasst eure Eltern die Ofenform aus dem Ofen nehmen.

Ich mag das total gerne mit Baguette. Ganz wie in Frankreich. Sagt auch Rémi.

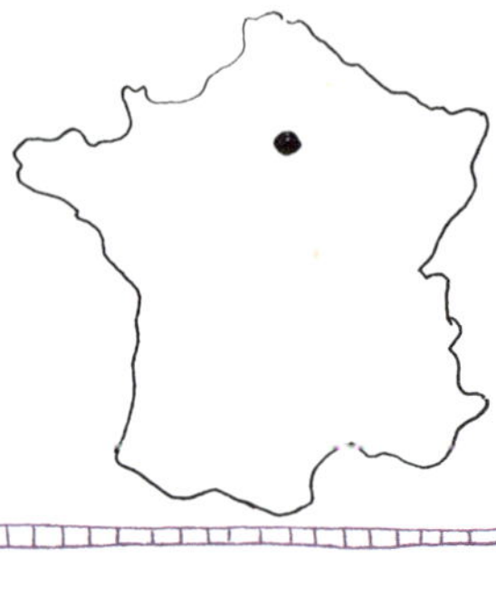

Schoko-Ideen

SCHOKOLADENORNAMENTE
50 g Schokolade in kleine Stücke brechen und in eine kleine Schüssel geben. Wasser im Wasserkocher aufkochen und vorsichtig in eine Schüssel füllen. Die Schokoladenschüssel in das heiße Wasser setzen. Passt gut auf, dass kein Wasser in die Schokolade kommt, sonst klumpt sie. Nach ein paar Minuten ist die Schokolade geschmolzen. Umrühren und fertig. Jetzt kannst du zum Beispiel mit einer Gabel lustige Fantasiefiguren „zeichnen". Dafür die Gabel in die Schokolade tauchen und auf einem Bogen Backpapier zu Ornamenten träufeln lassen.

SCHOKOFRÜCHTE – Erdbeeren, Trauben, Bananenscheiben, Physalis, Apfelspalten ... Was auch immer ihr mögt, könnt ihr in die flüssige Schokolade tauchen und auf Backpapier festwerden lassen. Entweder als Nachtisch snacken oder Desserts damit dekorieren.

SCHNELLES SCHOKOFONDUE
Mit so einem Topf flüssiger Schokolade zaubern Mama, Papa, meine Brüder und ich gerne Schokofondue. Dann schnippeln wir viele Früchte und spießen sie auf. Anschließend in Schokolade tauchen und wer mag, streut noch gehackte Nüsse, bunte Streusel oder Kokosflocken darüber.

Kinderparty

Feste sind toll! Leider hat nicht immer jemand Geburtstag, wenn Cheyenne und ich gerade Lust zum Feiern haben. Aber zum Glück sind wir auf eine Idee gekommen: Wir feiern Spontan-Partys. Feiert ihr mit?

Das wird es geben

Bunte Spieße
Pizzaschnecken
Schokocreme mit Orangen
Popcorn

Einige Tage vorher

Rezepte aussuchen. Zutaten zusammensuchen und einkaufen, was fehlt.

Am Partytag

alle Zutaten abwiegen und bereitstellen.

Schokocreme kochen und in kleine Gläser füllen, abdecken und abkühlen lassen.

Pizzaschnecken backen Solange die Pizzaschnecken im Ofen sind, könnt ihr die **Spiesse** zubereiten.
Popcorn frisch machen, denn das schmeckt lauwarm am besten.

Serviert alles auf großen Tellern. So habt ihr ein tolles Buffet und jeder kann sich bedienen. Es macht auch Spaß, wenn sich jeder seine Spieße selbst zusammensteckt. Dann braucht ihr nur die Zutaten zurechtlegen und schneiden. Dann mit den Holzspießen auf einer Platte verteilen und losspießen, was das Zeug hält.

Familien-frühstück

FÜR ALLE

Während der Woche geht es morgens ja meistens ziemlich hektisch bei uns zu, aber am Wochenende ist das zum Glück ganz anders. Und nach einem gemütlichen Sonntagsfrühstück kann eigentlich nicht mehr viel schiefgehen, oder?

Das gibt es bei uns
Granola Pancakes
Rührei mit Bacon
Obstsalat
Blaubeermuffins

Einige Tage vorher
Rezepte aussuchen. (Ihr könnt gerne auch eure eigene Auswahl treffen.) Zutaten rausstellen und besorgen, was fehlt.

Wenn ihr Lust habt zu Brunchen, also Breakfast (Frühstück) und Lunch (Mittagessen) zu verbinden, serviert noch ein warmes Gericht dazu. Ich würde mich für das Möhrencurry mit Kichererbsen entscheiden. Oder für die Köttbullar. Und ihr?

Am Tag vorher:
Für so ein tolles Frühstück heißt es entweder „**früh aufstehen!**" oder abends vorarbeiten. Ich bin ja eher ein Fan vom Ausschlafen. Deshalb am Abend vorher den Teig für die Pancakes anrühren und abgedeckt in den Kühlschrank stellen. Obst für den Salat schneiden und in einer Schüssel im Kühlschrank aufbewahren. Blaubeermuffins könnt ihr auch schon vorbacken.

Am Tag selber:
Morgens Pancakes backen, Bacon braten, Rührei zubereiten und den Obstsalat marinieren. Orangensaft in einen Krug füllen. Kaffee und Tee kochen. Brötchen in den Brotkorb und Butter dazu. Wer mag, stellt noch Marmelade und Schokocreme auf den Tisch. Blumen dazu und guten Appetit.

Picknick

Das sind bei uns immer die lustigsten Ausflüge und auch die entspanntesten. Denn wenn wir wissen, dass es am Ziel diese Leckereien gibt, ist der Weg nur noch halb so lang!

Das gibt es bei uns
Müsliriegel
Nusshörnchen
Käsestangen mit Dipp
Salat im Glas
Hähnchenkeulen aus dem Ofen (ja, die schmecken auch kalt ganz wunderbar!)

einige Tage vorher:
Rezepte aussuchen. (Ihr könnt gerne auch eure eigene Auswahl treffen.)
Zutaten rausstellen und besorgen, was fehlt.

1 Tag vorher:
Müsliriegel backen.
Salat putzen, waschen und schnippeln.
Dipp für die Käsestangen zubereiten.
Hähnchenkeulen im Ofen garen.

Am Tag selber:
Nusshörnchen und **Käsestangen** backen.
Salat in Gläser schichten, Dressing in eine Extra-Glas füllen.
Alles gut verpacken.
Teller, Besteck, Becher, Getränke und Picknickdecke nicht vergessen.

Menü für Weihnachten

Weihnachten ist bei uns ziemlich traditionell. Und wir müssen alle was dafür tun, dass es richtig schön wird. Aber das mach ich auch voll gerne, schließlich ist Weihnachten ja was ganz Besonderes! Außerdem gibt es immer voll die leckeren Sachen und seit ich mitkoche, darf ich auch mitentscheiden, was wir essen. Dieses Jahr serviere ich folgendes Menü:

Das gibt es bei uns
Vorspeise:
Frittaten-Suppe
Hauptgericht: Lasagne
Dessert: Schokosplitter-Eis ohne Eismaschine

Wisst ihr, was das Beste daran ist? Man kann alles schon 1–2 Tage vorher vorbereiten und hat dann zu Weihnachten, also am Heiligabend, richtig viel Zeit zum Spielen.

Mehrere Tage vorher:
Rezepte aussuchen
Zutaten durchschauen und einkaufen, was fehlt.

2 Tage vorher:
Eis zubereiten und einfrieren.
Suppe vorkochen, abgedeckt im Kühlschrank aufbewahren.

1 Tag vorher:
Frittaten zubereiten, aufrollen und in Streifen schneiden, im Kühlschrank aufbewahren.
Soße für die Lasagne zubereiten, kaltstellen.

Am Menü-Tag:
Lasagne einschichten und backen.

Kurz vor dem Essen:
Suppe aufkochen, **Frittaten** in die Suppenschalen verteilen und **Suppe** darüber schöpfen. **Lasagne** in der Form servieren und verteilen. **Eis** portionieren, nach Belieben mit Früchten, Fruchtsoße, Streuseln oder Schokoraspeln bestreut servieren.

REGISTER

Alice Pantermüller / Daniela Kohl

Mein Lotta-Leben

Alles voller Kaninchen (Bd. 1)
978-3-401-06739-1

Wie belämmert ist das denn? (Bd. 2)
978-3-401-06771-1

Hier steckt der Wurm drin! (Bd. 3)
978-3-401-06814-5

Daher weht der Hase! (Bd. 4)
978-3-401-06833-6

Ich glaub, meine Kröte pfeift! (Bd. 5)
978-3-401-06961-6

Den Letzten knutschen die Elche! (Bd. 6)
978-3-401-06965-4

Und täglich grüßt der Camembär (Bd. 7)
978-3-401-60038-3

Kein Drama ohne Lama (Bd. 8)
978-3-401-60039-0

Das reinste Katzentheater (Bd. 9)
978-3-401-60063-5

Der Schuh des Känguru (Bd. 10)
978-3-401-60064-2

Volle Kanne Koala (Bd. 11)
978-3-401-60136-6

Eine Natter macht die Flatter (Bd. 12)
978-3-401-60137-3

Wenn die Frösche zweimal quaken (Bd. 13)
978-3-401-60332-2

Da lachen ja die Hunde! (Bd. 14)
978-3-401-60333-9

Wer den Wal hat (Bd. 15)
978-3-401-60334-6

Das letzte Eichhorn (Bd. 16)
978-3-401-60496-1

Je Otter, desto flotter (Bd. 17)
978-3-401-60504-3

Im Zeichen des Tapirs (Bd. 18)
978-3-401-60505-0

Hier taucht der Papagei (Bd. 19)
978-3-401-60652-1

Immer dem Panda nach (Bd. 20)
978-3-401-60653-8

Alles Bingo mit Flamingo!
978-3-401-60562-3

Alles Tschaka mit Alpaka!
978-3-401-60686-6

Eine Schildkröte geht flöten
978-3-401-60777-1

Jeder Band:
Ab 9 Jahren • Gebunden (Flexcover) • Mit runden Ecken • Als Hörbuch bei JUMBO • www.arena-verlag.de

Ebenfalls erhältlich ...

Lotta und Cheyenne lieben Kuchen! Hier sind von »Ameisenkuchen« über »Muffins mit Versteck« bis zu Hundekeksen für Polly alle Leckereien aus Lottas Welt. Sooo lecker!

ISBN 978-3-95961-589-1

Von »Pizza-Spießen« über »Snacker-Cracker« bis zu »Pfannkuchenröllchen« und »Kuchen im Glas« finden sich hier alle Leckereien aus Lottas Welt. Sooo lecker!

ISBN 978-3-95961-848-9

CHRISTIAN

www.christian-verlag.de

IMPRESSUM

Verantwortlich: Sonya Mayer
Texte und Rezepte: Susann Kreihe
Textredaktion und -bearbeitung: Alice Pantermüller, www.alice-pantermueller.de
Umschlaggestaltung, Umschlagillustrationen & Illustrationen im Innenteil:
© Daniela Kohl, www.heutebunt.de
Foodstyling und Foodfotografie: Amalija Andersone
Layoutgestaltung und Layout: Barbara Uhlig
Repro: LUDWIG:media
Korrektorat: Miriam Sender Gorriz
Herstellung: Elke Mader
Printed in Slowenia by Florjancic Tisk

★★★★★

Sind Sie mit diesem Titel zufrieden? Dann würden wir uns über Ihre Weiterempfehlung freuen. Erzählen Sie es im Freundeskreis, berichten Sie Ihrem Buchhändler oder bewerten Sie bei Onlinekauf. Und wenn Sie Kritik, Korrekturen, Aktualisierungen haben, freuen wir uns über Ihre Nachricht an Christian Verlag, Postfach 40 02 09, D-80702 München oder per E-Mail an lektorat@verlagshaus.de

Unser komplettes Programm finden Sie unter: www.christian-verlag.de

Die Deutsche Nationalbibliothek verzeichnet diese Publikation in der Deutschen Nationalbibliografie; detaillierte bibliografische Daten sind im Internet über http://dnb.d-nb.de abrufbar.

6. Auflage 2025

Bildnachweis
Alle Fotografien in diesem Buch und auf der Buchrückseite stammen von Amalija Andersone.
Alle Illustrationen stammen von Daniela Kohl.

ISBN 978-3-95961-501-3